Neue Frankfurter

Rostock im Feuersturm

Achim Schade Matthias Redieck (Hrsg.)

Rostock im *Feuersturm*

Das Vier-Tage-Bombardement vom 24.4. bis 27.4.1942

Verlag Redieck & Schade

OSTSEE ZEITUNG

Bergungsgut vor den Häusern der Nordseite des Neuen Marktes AHR/HB

Inhaltsverzeichnis

Das Innere der in der vierten Nacht ausgebrannten Petrikirche Hei

Vorwort

Es war ein Glücksfall, als Achim Schade bei der Suche nach Stücken für seine stadtgeschichtliche Rostock-Sammlung bei ebay fündig wurde: Das Fotoalbum eines Flaksoldaten aus Jena namens Heinz Bredereke, stationiert zumindest in den Jahren 1941/42 in Rostock. Nicht nur vereinzelte Fotos, wie man sie ansonsten im Internet findet, sondern ein zusammenhängender Fotozyklus der Bombenangriffe auf Rostock vom 24-27. April 1942, untersetzt mit der akribischen Beschreibung der Ereignisse, wurde angeboten. Dies alles absolut gut erhalten. Wie aber war dieses Tagebuch zu ersteigern? Schließlich war klar, dass es viele Interessenten geben würde: Sammler, Händler, weit rechts Orientierte...

Schnell waren wir uns im Verlag einig, diese wichtige Quelle der Zerstörung Rostocks für die Rostocker zu bewahren und ihnen zugänglich zu machen. Alles andere war eine Frage der Nerven und des Geldes...

Aus der Ersteigerung und der ersten Idee der Veröffentlichung zum 70. Jahrestag dieser Ereignisse im Jahr 2012 wurde ein 1½-jähriges Buchprojekt. Im Mittelpunkt sollten die Aufzeichnungen und Fotos von Bredereke stehen, allerdings hofften wir, dem noch weiteres hinzufügen und Rostocker aus eigenem Erleben berichten lassen zu können – sowohl aus überlieferten Dokumenten als auch von noch lebenden Zeitzeugen.

Die OSTSEE-ZEITUNG erkannte schnell, dass diese schlimmen Tage im April 1942 noch heute die Menschen in unserer Stadt bewegen. Dass sie Schmerz, Trauer und Wut auslösen. Für die Redaktion der OZ lag deshalb auf der Hand, dieses Buchprojekt zu unterstützen. Redakteure stellten das Vorhaben in der Zeitung vor und riefen die Rostockerinnen und Rostocker auf, ihre Erlebnisse an die Bombenangriffe im April 1942 zu schildern und somit dieses Buch mit zu gestalten. Die Resonanz war gewaltig und überraschte uns. Uns wurden in kurzer Zeit mehrere Hundert Fotos und Dutzende Texte angeboten. Mit einer derartigen Fülle an Material hatten wir nicht gerechnet. Ganze Alben wurden von Rostockern in den Verlag gebracht und zu treuen Händen überlassen.

Dabei war uns in mündlichen Überlieferungen stets zu Ohren gekommen, dass das Fotografieren während Luftangriffen und der Zerstörungen verboten war. Einen wirklichen Beleg dafür hatten wir für Rostock bisher nicht. Im Rostocker Anzeiger fand sich dann aber am 5. Mai 1942 eine kleine Notiz: „Das Photographieren ist während des Ausnahmezustandes verboten!“ Zum 4. Juni gleichen Jahres wurde der Ausnahmezustand wieder aufgehoben. Dies bedeutet, dass viele jener Aufnahmen, die wir erhielten und in diesem Buch abbilden – so sie nicht im Auftrag entstanden – illegal und verboten waren. Wie sehr müssen die Bombenangriffe viele Rostocker bewegt haben, die dieses Verbot bewusst überschritten und die Situation in ihrer Stadt dokumentierten.

In oft langen Gesprächen schilderten Betroffene oder ihre Nachfahren den persönlichen Schock, die Todesangst und das Leid. Niemand forderte ein Honorar ein.

Andere OZ-LeserInnen übergaben der Lokalredaktion oder dem Verlag Redieck & Schade lange Briefe mit zu Papier gebrachten Erinnerungen. Heute 50-, 60-, 70-jährige und ältere überbrachten Tagebuchauszüge von Eltern, andere schrieben eigene Erinnerungen aus ihren Kindertagen auf, wieder andere lieferten Dokumente und Schriftstücke ab, die unmittelbar nach den dramatischen Ereignissen entstanden… Alle einte dabei das Bestreben, diese Materialien nicht dem Vergessen anheim zu geben und sie heutigen Generationen zugänglich zu machen. So, wie die Autorin Ursula Schelensky aus Rostock schrieb, mag es vielen gegangen sein: „Sie werden meinen Erlebnisbericht nicht drucken, aber ich hatte das Bedürfnis, zu schreiben." Manch einer arbeitete mit Texten und Bildern die Geschehnisse auf und setzte sich auf diese Weise 70 Jahre nach den schlimmen Tagen damit auseinander, was er oder sie, Geschwister, Eltern, nahe Angehörige, Freunde oder Bekannte erlebten. Die Zeit war reif für dieses Buch…

Aus vielen Gesprächen und aus diesen Erfahrungen resultierte die Entscheidung, das Buch „Rostock im Feuersturm" zu nennen. Sicherlich ist das im Sinne von Feuersachverständigen bzw. -technikern in der Terminologie nicht korrekt, weil unter dem Fachbegriff „Feuersturm" während schwerer Bombenangriffe bewusst herbeigeführte Brände wie in Hamburg oder Dresden beschrieben werden, bei denen der Flächenbrand zu einer Feuersäule führte, die durch den entstehenden Unterdruck Menschen in den Brand hineinzog.

Das persönliche Empfinden der Menschen, die die Angriffe auf Rostock in jenen Apriltagen durchlebten, aus brennenden Häusern krochen und durch brennende Straßen liefen, gipfelte oft in eben jenem Begriff „Feuersturm". So findet sich dieser Terminus auch in einigen der abgedruckten Erlebnisberichte. Er umschreibt symbolhaft die dramatischen Ereignisse, die zerrüttete Gefühlswelt und die verheerenden Zerstörungen. Wie schreibt Eberhard Peters? „In der Steinstraße tobt ein Feuersturm…" und Augenzeuge Herbert A. W. Kasten kündet verstört: „Wind peitschte die Flammen hoch, und in den engen Straßen wütete ein gewaltiger Feuersturm, der alles zerstörte, was ihm im Wege stand." Und Walter Jürß bringt zu Papier, dass sich während eines Angriffes die „Hitze weiter steigerte, so dass es zu Feuerstürmen kam".

Unser Buch beschreibt ausschließlich die Bombenangriffe auf Rostock zwischen der Nacht von Donnerstag, dem 23. zum 24. April bis zur Nacht auf den Montag, vom 26. zum 27. April 1942. Wenn in einigen Erlebnisberichten Zeiten vor oder nach diesen Ereignissen dokumentiert und beschrieben werden, haben wir dies nur dort berücksichtigt, wo uns die handelnden Menschen vorgestellt werden oder wo die Schilderungen eine weitere Bewertung der schlimmen Apriltage möglich machen und mit diesen eng verknüpft sind. Da der Termin des Vier-Tage-Bombardements immer wieder anders genannt wird (beginnend am 23. oder 24. April und endend am 26. oder 27. April 1942), definieren wir den Zeitraum klar vom 24. zum 27. April, was damit zusammenhängt, dass die Angriffe jeweils nach Mitternacht begannen.

Bewusst sind wir gemeinsam mit der OSTSEE-ZEITUNG in zwei Rostocker Schulen gegangen, um Schülern zehnter Klassen die Ursache und die Bombenangriffe auf Rostock und ihre Auswirkungen vorzustellen. Im Innerstädtischen Gymnasium und im Schulcampus in Evershagen haben wir die Schüler dazu aufgerufen, sich in die Forschungen einzubringen und mit Zeitzeugen Gespräche zu führen. So sind nach Interviews von Schülern des Innerstädtischen Gymnasiums Erinnerungsberichte entstanden, die zum Teil in der OSTSEE-ZEITUNG abgedruckt wurden. Es war uns ein bewusstes Anliegen, uns bei der Erinnerung dieser Ereignisse vor allem auch an die junge Generation zu wenden. Sie hat eine friedliche Zukunft in der Hand und sollte sich mit Blick auf das Vergangene dieses Wertes bewusst sein und dies nie leichtfertig aufs Spiel setzen. Unsere Gewährsleute, wie der Jenaer Bredereke, waren zur Zeit der erlebten Angriffe nicht viel älter als die jungen Menschen, die bei diesen Foren vor uns saßen.

Schon 1995 hat der Konrad Reich Verlag mit dem Buch „Bomben auf Rostock" eine verdienstvolle Arbeit präsentiert, in dem die Bombardements während des 2. Weltkrieges aus Rostock in Wort und Bild auf Grundlage der damaligen Quellenlage dokumentiert werden. Unter dem Leitsatz „... ein Anfang muss gemacht werden" wurden seinerzeit Dokumente, „die von Staats- und Parteiräson, von eingepflanzter Feindschaft zeugen, von brutalem Hass, von einfacher, fast verständlicher Wut, aber auch von insichgekehrter, sachlicher Auseinandersetzung", veröffentlicht, Beamtenberichte und Aussagen geschulter NS-Funktionäre. Auch erste Erinnerungsberichte sind in jenem Band dokumentiert.

Das jetzt entstandene Buch knüpft an dieses Projekt an und führt es weiter in die Tiefe. Wie erwähnt, steht im Zentrum der Publikation das sehr persönliche Tagebuch von Heinz Bredereke, der, 1920 geboren, als Flaksoldat die Bombenangriffe in einer Flakstellung in Toitenwinkel erleben musste und am 1.5.1942 verwundet wurde. Sein Fotoalbum, das in diesem Buch vollständig wiedergegeben wird, schildert die dramatischen Ereignisse in einem Tagebuchtext und in einer Fotofolge, die den Schrecken der Bombenangriffe nachvollziehbar machen. Bredereke ist nicht nur stiller Beobachter, er ist Involvierter, Handelnder und Leidtragender. Sein spannendes Wehrmachtsfotoalbum lässt uns teilhaben und tief in die damaligen Geschehnisse eintauchen, deren Opfer auch Freunde und Flakkameraden Bredereke wurden und während der die Hansestadt Rostock verheerend zerstört wurde.

Ein Spannungsrahmen, der von den Jahreswechsel 1941/42 feiernden Flaksoldaten in Toitenwinkel, über die Bombenangriffe und Abwehrhandlungen an der Toitenwinkler Flakstellung, bis zur Beerdigung von gefallenen Flaksoldaten reicht, die nach einem Volltreffer in der dritten Bombennacht starben, macht dieses Tagebuch Brederekes zu einem einmaligen Zeitdokument. Deshalb bilden wir in diesem Buch auch den handschriftlichen Text Brederekes vollständig ab – er ist gut zu lesen und schafft so eine fesselnde Authentizität.

Persönliche Texte und Bilder anderer Autoren und Augenzeugen betten die Erlebnisschilderung von Bredereke ein und ergänzen bzw. illustrieren das Gesehene und Gelesene aus den verschiedensten Blickwinkeln. Mütter schreiben Tagebuch oder Briefe an ihre Männer, Erlebnisberichte von damaligen Kindern entstanden heute, Männer schildern ihren Schrecken und ihre Angst...

Bei dem Buch handelt es sich um eine Quellenedition, die Texte und Bilder von Augenzeugen des Bombardements versammelt. Es wurden Berichte und Schilderungen aufgenommen, die zeitnah und direkt im Umfeld der Zerstörungen entstanden sind und andere Erlebnisberichte, die aus der Erinnerung später und bis heute geschrieben wurden.

Der Zeitnähe sind die zum Teil ungewöhnliche Orthographie und Diktion geschuldet. Gerade bei zeitgenössischen gedruckten Quellen schlagen immer wieder nationalsozialistische Propaganda und Durchhalteparolen durch. Bewusst haben wir nicht in die Texte eingegriffen. Lediglich sparsame Kürzungen sind vorgenommen worden, um allgemeine Dopplungen zu vermeiden. Diese Kürzungen haben wir auf diese Art kenntlich gemacht „[...]". Selten haben wir vorsichtig korrigierend eingegriffen, um den Verfasser nicht vorzuführen. Inhaltlich wurde nichts verändert.

Erlebnisse sind subjektiv gebrochen, manches Mal durch später Gesehenes, Erlebtes und Gehörtes beeinflusst. Dennoch sind sie eine wichtige historische Quelle und können in einer Zusammenstellung, wie hier praktiziert, wichtige Aussagen transportieren. Vor allem aber können sie eines – sie übermitteln Emotionen, die kein sachlicher Bericht spürbar machen kann. Historische Ereignisse werden erst im Einzelschicksal wirklich nacherlebbar, deshalb haben wir uns dazu entschieden, in diesem Buch fast ausschließlich derartige Erinnerungen sprechen zu lassen. Gerade diese Emotionen, die sicher oft vor dem Hintergrund eines langjährigen Traumas zu Papier gebracht wurden, machen Kommentare überflüssig und transportieren immanent Wertungen.

Heinz Lange aus Rostock schrieb uns: „Man hat kaum Erinnerungen an die Kindheit im Alter von drei bis sechs Jahren. Ich erinnere mich an ein Gewitter, als meine Eltern mit mir, damals dreijährig, auf ihrem kleinen Jollenkreuzer auf der Warnow segelten. Weiße Möwen und grelle Blitze hoben sich bedrohlich vom fast schwarzen Himmel ab. Ich wurde in die Kajüte gesetzt. Eine vage Erinnerung, was sich abspielte. Anders bei den Fliegeralarmen und Bombenangriffen während des von der faschistischen Führung Deutschlands begonnenen verheerenden Krieges. Damals war ich knapp sechs Jahre alt." – Offensichtlich haben sich bei vielen der Zeitzeugen die Erlebnisse aus den Apriltagen 1942 tief ins Gedächtnis eingebrannt.

Es ist Zufall, dass uns Alfred Kasanowski und Walter Jürß unabhängig voneinander Beiträge über die ausgebombte Firma Schomann am Neuen Markt übergaben. Am Einzelbeispiel kann hier nachvollzogen werden, wie eine weit über 100-jährige Firmengeschichte in einer Nacht ausgelöscht wurde.

Der Abschiedsbrief der Marie-Luise Bukow nach einer Plünderung ist ein Einzelschicksal, dessen dramatisches Ende – ihre Hinrichtung – uns persönlich berührt und tief nachdenken lässt...

Der 22-jährige Heinz Bredereke, über dessen weiteres Schicksal wir leider nichts in Erfahrung bringen konnten, war nicht nur Zeitzeuge, er war involviert und sicherlich angesichts des Todes seiner Kameraden geschockt und desillusioniert... Gut, dass wir seine persönlichen Erlebnisse und Erinnerungen sichern und nun publizieren konnten.

Der Direktor des Stadtarchivs der Hansestadt Rostock, Dr. Karsten Schröder, führt in das Thema ein und kommentiert bzw. beschreibt die Ereignisse aus Sicht der allgemeinen Geschichte. Mit seiner Einleitung wird eine Einordnung der Fliegerangriffe vorgenommen und aufgezeigt, dass diese Angriffe Ergebnis vorausgegangener Aggressionen Deutschlands auf England waren. Der Krieg ging von Deutschland aus und traf nun Deutsche zurück.

Der ehemalige Stadtarchivar Hans-Werner Bohl unterstützte die Bildredaktion maßgeblich und sorgte für die Richtigkeit der Benennung in Bildunterschriften.
Beide Autoren sind die profundesten Kenner des Themas und haben 1995 das Buch „Bomben auf Rostock" mit herausgegeben.

Unser Freund Karl-Friedrich Schippmann (†) schließt dieses Buch mit einem sehr emotionalen Bericht über ein Erlebnis von 1962 ab, das bis in die Jetztzeit reicht. Quasi als pädagogische Klammer kann über diesen Beitrag auch an dieser Stelle eine weitere Kommentierung und Bewertung unterlassen werden. Emotionaler ist Geschichte nicht zu kommentieren.

Es ist uns sehr wichtig, all den Menschen zu danken, die mit ihren Texten und Fotos zu diesem Buch beigetragen haben. Es konnte nicht alles veröffentlicht werden, was an uns herangetragen wurde, das hätte den Rahmen dieses Buches weit gesprengt.

Achim Schade & Dr. Matthias Redieck
Verlag Redieck & Schade GmbH

Herausgeber

Andreas Ebel
Chefredakteur der
OSTSEE-ZEITUNG
Mitherausgeber

Einführung

Das Jahr 1942 in der Geschichte des europäischen Luftkrieges

Der vielzitierte Bibelsatz „Denn sie säen Wind und werden Sturm ernten." steht am Anfang eines düsteren Kapitels Rostocker Stadtgeschichte, dem sich der vorliegende Band widmet und – vielleicht auch deshalb – das Wort „Feuersturm" im Titel trägt.

Ihre Ursache haben die im Folgenden geschilderten Ereignisse – das ist landläufig bekannt – im Zweiten Weltkrieg, den das NS-Regime in Deutschland am 1. September 1939 mit dem Überfall auf Polen vom Zaune brach. Zudem besaß der Einsatz von Flugzeugen für Kriegszwecke eine ursächliche Bedeutung. Natürlich hatte man seit ihrer Jahrzehnte zurückliegenden Erfindung diese Luftfahrzeuge für die Verwirklichung militärischer Ziele eingesetzt, jedoch nie zuvor in dieser hoch spezialisierten Bau- und Wirkungsweise, in dieser Masse und vor allem noch nie in dieser konzentrierten und planvollen Weise gegen die Zivilbevölkerung. Die Angriffe der deutschen Luftwaffe auf Warschau im Herbst 1939, auf Rotterdam im Mai 1940 oder auf Marseille, Paris, Dijon und St. Etienne in Frankreich Anfang Juni 1940 werden zu den ersten Flächenbombardements gegen zivile Ziele in der internationalen Luftkriegsgeschichte gezählt. Selbstverständlich flogen vornehmlich auch Flugzeuge der Royal Air Force Großbritanniens seinerzeit Angriffe auf deutsche Städte, so im Mai 1940 gegen Mönchengladbach. Doch richteten sich diese gegen Einzelziele, vor allem gegen Rüstungsbetriebe und Einrichtungen der Kriegsinfrastruktur.

Nach der Eroberung Polens und großer Teile Westeuropas ließen Hitler und das Oberkommando der Wehrmacht im Sommer 1940 einen Luftkriegsplan erarbeiten, dessen Ziel es sein sollte, eine Landung deutscher Wehrmachtsverbände auf den britischen Inseln vorzubereiten. Die am 13. August 1940 gestartete Operation „Seelöwe" richtete sich deshalb erklärtermaßen gegen die britischen Luftstreitkräfte und die britische Flugzeugindustrie, gegen Einrichtungen der Lebensmittelproduktion Großbritanniens und gegen die Handels- und Kriegsflotte sowie die entsprechenden Häfen des Inselreiches. Dennoch dauerte es lediglich 14 Tage bis erste deutscher Bomberverbände – die ursprünglichen Pläne außer Acht lassend – direkt und planvoll gegen die britische Zivilbevölkerung flogen, so bei Flächenangriffen gegen Liverpool und Bristol. Während des Andauerns der Luftabwehrschlacht über Großbritannien gelang der Royal Air Force am 26. August 1940 ein erster Bomberangriff auf Berlin, der sich gegen Luftkriegs- und Luftrüstungseinrichtungen richtete. Dies löste, ungeachtet der Erkenntnis, dass die Zivilbevölkerung nicht Ziel dieses Angriffs war, einen Schock in der damaligen Reichshauptstadt aus. Hitler sah sich deshalb in einer Rede am 4. September 1940 veranlasst, ein „Ausradieren" britischer Städte zu fordern. Damit war klar, dass sich neuerliche Angriffe der deutschen Luftwaffe auf den britischen Inseln vordergründig gegen die Bevölkerung und somit gegen Städte richten würden. Bereits am 7. September 1940 wurde

London erstmals Ziel eines solchen Terrorangriffs, bei dem etwa 1.000 Frauen, Männer und Kinder ihr Leben verloren. Mehr noch war diese Operation nur der Auftakt eines ununterbrochenen, 68 Tage währenden deutschen Bombardements gegen London, das erst am 13. November 1940 eingestellt wurde. Zu den in jenen Tagen ebenfalls schwer zerstörten britischen Städten gehören auch Liverpool und Birmingham sowie Coventry. Die mittelenglische Stadt mit für die Luftrüstung Großbritanniens bedeutsamen Firmen wurde in der Nacht vom 14. zum 15. November 1940 mit mehr als 511 Tonnen Sprengbomben und Luftminen sowie etwa 31.000 Brandbomben in ein Flammenmeer verwandelt, in dem 568 Einwohner den Tod fanden und 863 verletzt wurden. Fortan nannte man in Deutschland ein derartiges planvolles Zerstören einer Stadt „coventrieren" und es ist belegt, dass die Führung der Royal Air Force angesichts der zerstörten Stadt den Plan fasste, die deutsche Taktik des Angriffs auf Coventry weiterzuentwickeln und schließlich gegen deutsche Städte anzuwenden.

Entscheidenden Vortrieb fand diese Idee mit der Verabschiedung der Area Bombing Directive am 14. Februar 1942 durch das britische Kriegskabinett unter Winston Churchill. In diesem Papier wurden die britischen Bomberkräfte angewiesen, einerseits die deutsche Luftrüstung zu zerstören und andererseits Flächenbombardements gegen deutsche Städte zu fliegen, „um die Moral der feindlichen Zivilbevölkerung und besonders der Industriearbeiter" zu untergraben (im britischen Sprachgebrauch wurde diese Strategie deshalb auch als „Moral-Bombing" bezeichnet) – eine angesichts der deutschen Angriffspraxis verständliche, aber völkerrechtlich bis heute zumindest als fragwürdig eingestufte Entscheidung. Ebenfalls im Februar 1942 übertrug man Arthur T. Harris das Oberkommando im Bomber Command der Royal Air Force. Er gilt als der entscheidende Verfechter der Flächenbombardements gegen deutsche Städte, die er politisch und ideologisch rechtfertigte, taktisch wie strategisch vorbereiten ließ und schließlich auch befahl. Da die neue britische Luftkriegsstrategie allerdings etwa eine Million reguläre deutsche Soldaten und eine weitere halbe Million junge Männer unter 18 Jahren, eingesetzt als sogenannte Luftwaffen-Helfer, in der Heimatluftverteidigung band und sie damit von den Fronten des Zweiten Weltkrieges fernhielt, wird Harris und den alliierten Luftstreitkräften eine entscheidende Rolle für den Ausgang des Zweiten Weltkrieges zugesprochen, nicht zuletzt auch, weil alliierte Bomben ab 1942 den Produktionsausstoß der deutschen Luftfahrtindustrie dauerhaft halbierten, was zu einer deutlichen Schwächung der Luftwaffe führte und die militärische Schlagkraft des NS-Regimes herabsetzte.

Es soll nicht unerwähnt bleiben, dass Teilen der britischen Öffentlichkeit der für diese Ergebnisse gezahlte Preis – etwa 55.000 Angehörige der Royal Air Force kehrten von ihren Einsätzen über Deutschland nicht mehr zurück – zu hoch war. Harris erhielt im britischen Volksmund den sicher mehrdeutigen Spitznamen „The Butcher" (Der Schlächter) und zog sich nach dem Krieg für lange Zeit missverstanden und enttäuscht von der britischen Politik und Öffentlichkeit nach Südafrika zurück.

Die vom Bomber Command der R.A.F. in den ersten Monaten des Jahres 1942 umgehend ausgearbeiteten Angriffspläne sahen die Zerstörung einer bevölkerungsreichen und auf Grund von Industrieansiedlungen kriegswichtigen deutschen Stadt durch ein

Flächenbombardement vor. Diese Stadt musste in einer den Möglichkeiten der einzusetzenden Flugzeuge entsprechenden Distanz zu den britischen Inseln liegen sowie nachts leicht auszumachen sein und dafür am besten an einer großen Wasserfläche, die das Mondlicht spiegelte, liegen. Zudem sollte sie eine enge mittelalterliche Bebauung aufweisen, damit Brände entfacht und sich ungehindert ausbreiten können. Zum Ziel dieses Angriffs wurde schließlich Köln bestimmt. Da es auf britischer Seite allerdings an Erfahrungen für die Durchführung derartiger Flächenbombardements bei Nacht fehlte, wurde beschlossen, diese vor einem Angriff auf Köln zu sammeln. Quasi als Übungsziel wählte man deshalb aus einer Liste geeigneter deutscher Städte Lübeck und Rostock aus, die in allen Belangen den britischen Anforderungen eines Zieles für Flächenangriffe entsprachen. Lübeck, die alte Hansestadt an der Trave wurde in der Nacht vom 28. zum 29. März 1942 von 234 Bombern angegriffen, in Brand gesetzt und großflächig zerstört, die Warnowstadt Rostock traf dasselbe Schicksal in vier aufeinander folgenden Nächten zwischen dem 23. und 27. April 1942 (sogenanntes Vier-Tage-Bombardement) und schließlich bombardierten 1047 Flugzeuge in der Nacht vom 30. zum 31. Mai 1942 die Rheinmetropole Köln (sogenannter Tausend-Bomber-Angriff). Das Bomber Command der R.A.F. hatte seine Ziele erreicht. Die drei genannten Städte galten über viele Monate als die am schwersten zerstörten Deutschlands. Die NS-Führung ordnete daraufhin zwischen April und Juni 1942 eine Serie von Luftangriffen gegen kulturhistorisch bedeutsame Städte in Großbritannien, wie u.a. Exeter, Bath, Norwich, York und Canterbury an, die in die Luftkriegsgeschichte als Baedecker-Angriffe (nach dem bekannten deutschen Reiseführer aus dem gleichnamigen Verlag) eingingen.

Die R.A.F.-Führung befehligte fortan Angriffe nach dem Kölner Muster auf zahlreiche deutsche Großstädte. Nicht jeder gelang. Doch die von amerikanischen und britischen Fliegenkräften gemeinsam vorbereitete und zwischen dem 24./25. Juli und 2./3. August 1943 gegen Hamburg durchgeführte Operation mit dem bezeichnen Namen „Gomorrha" erzeugte einen Feuersturm bis dahin unbekannten Ausmaßes. Die Zerstörungen waren verheerend, die Zahl der Todesopfer bis dahin unvorstellbar. Damals starben mindestens 34.000 Menschen in der Hafenmetropole an der Unterelbe, 125.000 erlitten Verletzungen, 900.000 verloren ihr Zuhause und ihre Habe. Wegen dieser Auswirkungen erhielt der Feuersturm über Hamburg einen exponierten Platz in der internationalen Luftkriegsgeschichte.

Das Vier-Tage-Bombardement 1942 auf Rostock und seine Auswirkungen

Rostocks Stadtgebiet war im Verlauf des Zweiten Weltkrieges schon früh Ziel britischer Bombenangriffe geworden. Die schwersten ihrer Art, meist gegen die Luftrüstungsindustrie geplant und unternommen, aber dann tatsächlich gegen Wohnviertel gerichtet, mussten Warnemünde am 3. Juli 1940 und Rostock am 12. September 1941 quittieren. Es waren jeweils zivile Opfer zu verzeichnen und – zumindest in Rostock – beträchtliche Zerstörungen.

Bezeichnenderweise ging nach dem letzten nennenswerten Luftangriff über ein halbes Jahr relativer Ruhe ins Land, bevor in der Nacht vom 23. auf den 24. April 1942, genauer gesagt am 24. gegen 0.50 Uhr der Auftakt zu Rostocks Inferno in Szene gesetzt wurde.

Dem Doppelcharakter der Moral-Bombing-Strategie entsprechend drehten 17 der 143 von Norden die Warnow herauf fliegenden britischen Bomber nach Marienehe ab, wo sie versuchten, die luftschutztechnisch bestens gewappneten Ernst-Heinkel-Flugzeugwerke anzugreifen. Die übrigen 126 Flugzeuge suchten die Stadt. Doch der Angriff, so gestanden sich selbst britische Kommandostellen ein, war ein Fehlschlag. Die Masse der Bomben ging drei bis zehn Kilometer vom Stadtzentrum entfernt nieder. Dennoch waren sieben Tote, sechs Schwer- und 26 Leichtverletzte zu beklagen. Die Straße Bei den Polizeigärten hatte eine Luftmine verheert, in der Steintor- und Kröpeliner-Tor-Vorstadt loderten Flammen, die jedoch bald gelöscht waren. Die größten Schäden waren östlich des heutigen Straßenzuges Richard-Wagner- und Blücherstraße zwischen Steintor und dem alten Schlachthof zu verzeichnen. In der darauf folgenden Nacht richteten 29 Flugzeuge ihren Angriff gegen Produktionsstätten der Luftrüstung, weitere 83 warfen ihre Bombenlast über der Stadt ab. Die Zerstörungen, vor allem in der Stein-Tor-Vorstadt und im südöstlichen Teil der historischen Altstadt waren ungleich schwerer als am Vortag. 227 Häuser wurden zerstört, 312 zum Teil erheblich beschädigt. Das Steintor, das alte Stadttheater in dessen Nachbarschaft und die Nikolaikirche brannten aus oder lagen in Trümmern. Mehr noch, der aufkommende Wind und die über Trümmerwüsten und Brandherde hinweg sehr komplizierten Bedingungen für das Löschen von Flammen erzeugten in der kommenden Nacht einen weithin sichtbaren Feuerschein, der den gegen 2.00 Uhr wieder anfliegenden britischen Bombern beste Orientierung bot. Die folgenden Zerstörungen erstreckten sich vom Stadthafen bis zum Universitätsplatz und zur Kröpeliner Straße. Bomben und Brände verheerten die St. Jakobi-Kirche, die Breite und die Lange Straße sowie den Neuen Markt und die angrenzenden Quartiere. Auch im Westen der Stadt und in der Steintor-Vorstadt fielen die Bomben. Insgesamt wurden 1080 Häuser in Schutt und Asche gelegt, zahlreiche weitere zum Teil schwer beschädigt. Bis zu 40.000 Rostocker wurden in dieser Nacht obdachlos. Noch einmal, in der vierten Nacht vom 26. zum 27. April 1942 kehrten die Bomber zurück. Nur noch 49 wendeten sich gegen die Stadt, 47 weitere flogen nach Marienehe. Da die Stadt immer noch brannte, warfen die Piloten ihre Bombenlast in die am Vortag heimgesuchten Stadtgebiete und versuchten Ziele zu treffen, die ihnen bisher entgangen waren, wie die St. Petrikirche, deren brennender Turm bald wie eine Fackel den Weg wies.

Die Zahlen variieren. Dennoch darf man davon ausgehen, dass 461 Bomber in jenen vier Nächten nach Rostock flogen. 351 von ihnen warfen ihre Last auf die Stadt, 110 auf das Flugzeugwerk in Marienehe. Insgesamt wurden 414,7 Tonnen Sprengbomben (das waren 1.045 Stück Luftminen, Spreng- oder Splitterbomben) ausgeklinkt. Weitere 320,8 Tonnen Brandbomben (das waren 112.760 Stück Flüssigkeits- und Stabbrandbomben) verwandelten die Stadt schließlich in ein Flammenmeer. Über 200 Todesopfer hatten die Rostocker zu beklagen, vom Kleinkind bis zum Greis, sowie etwa 700 Verletzte – schreckliche Zahlen, die aber durchaus hätten höher ausfallen können. Dies zeigt eindrucksvoll der Vergleich mit den Todesopfern bei dem bereits erwähnten Angriff auf Hamburg im Juli/August 1943, die mit mehr als 34.000

angegeben wurden oder von Dresden im Februar 1945, wo bis zu 25.000 Menschen ihr Leben verloren. Insofern darf man davon sprechen, dass die Einwohner Rostocks trotz allen Leids noch Glück hatten. Weniger Glück hatte die mittelalterliche, wie die moderne Bebauung Rostocks. 6.153 Wohnungen galten als zerstört, weitere 19.994 als beschädigt und größtenteils nicht bewohnbar. Die Zahl der obdachlosen Rostocker ging in die Zehntausende. Drei der vier Stadtkirchen, Zeugen aus der großen Zeit der Hanse, standen ausgebrannt, ohne Dach und Turmhelm da, ebenso das Petri-, das Kuh- und das Steintor sowie zahlreiche Kleinodien der bürgerlichen Baukunst des Mittelalters. Zerstört wurden das Stadttheater, die Hauptpost, Schulen, ein Bahnhof, nahezu sämtliche Hafenanlagen, die Kaufhäuser, 50 Lebensmittelgeschäfte und die Hälfte aller Verkaufseinrichtungen für Waren des täglichen Bedarfs, 60 Gaststätten und Hotels, alle Banken in der Stadt sowie Teile des städtischen Nahverkehrs und der Versorgungsbetriebe für Strom, Gas und Wasser. Die Ernst-Heinkel-Werke hingegen waren in der ersten Angriffsnacht verfehlt worden und hatten beispielsweise in der dritten lediglich einen Produktionsverlust von 150 Flugzeugen, was etwa einer Monatsproduktion entsprochen haben soll, hinnehmen müssen. Die R.A.F. sah sich auch nach entsprechender Luftaufklärung in den letzten April- und ersten Maitagen 1942 veranlasst, dieses Ergebnis – das aber immerhin zu diesem Zeitpunkt den größten Schaden offenbarte, den ein deutsches Rüstungsunternehmen durch britische Bomber hatte hinnehmen müssen – als Misserfolg einzustufen. Umgehend wurde ein weiterer Präzisionsangriff gegen Rüstungsbetriebe in Warnemünde und Marienehe geplant und am 9. Mai 1942 durchgeführt. Da inzwischen die Luftabwehr in und um Rostock massiv verstärkt worden war – unter anderem hatte man gegen Tiefflugattacken Barrieren mit 90 Sperrluftballons gesetzt und zahlreiche zusätzliche Flak-Stellungen errichtet – wurde eine Abschussquote von fast 12 Prozent erreicht. In jener Nacht schoss man 20 der 167 angreifenden Flugzeuge ab, während des Vier-Tage-Bombardements von 461 Bombern nur 14 (3 Prozent). Die größten Schäden in jener Nacht meldete die Kröger-Werft in Warnemünde, während sich die Verluste bei den Flugzeugbauern von ARADO in Warnemünde und Heinkel in Marienehe in Grenzen hielten. Allerdings blieben auch in jener Nacht wieder Bombentreffer auf Wohngebiete nicht aus, die Todesopfer forderten. In Mitleidenschaft gezogen wurden etwa das Komponistenviertel und das Dorf Schmarl.

Wegen der übergroßen Zerstörungen im Stadtgebiet und wegen der vermuteten größeren Schäden in der Rüstungsindustrie strich die R.A.F. für die folgenden Monate Rostock aus ihrem Zielkatalog. Erst im Herbst 1942 und 1943 und 1944 wurden wieder Angriffe geflogen. Entweder war Rostock dann Ziel von Ablenkungsattacken (um die Luftabwehr bei Anflügen auf andere bedeutsame Ziele zu verwirren) oder die Angriffe richteten sich vornehmlich gegen die Rüstungsindustrie. Allerdings kam es selbst dann auf Grund von Zielverfehlungen und von Panikabwürfen in Bedrängnis geratener Bombenbesatzungen wieder zu schweren Zerstörungen in der Stadt mit zahlreichen Toten.

Dr. Karsten Schröder
Direktor des Archivs der Hansestadt Rostock

Ostseite der Blücherstraße [heute Rungestraße] *Web*

Bombennächte

Es gellen Sirenen. Im flutenden Heulen
bäumt sich der Schrecken zu lähmender Macht.
Die Ahnungen wild wie Sturmvögel eilen
durch die zerrissene Stille der Nacht.
Verängstigte Menschen, sie hasten von hinnen,
im schützenden Keller dem Tod zu entrinnen.

Da rauschen schon Tod und Verderben von oben.
Motorengebrumm durchgeistert wie Hohn
das zwischen Häusern entfesselte Toben;
Stichflammen hoch auf zum Himmelszelt Lohn.
Und Krachen und Bersten und Stürzten und Splittern
lassen die Stadt und die Menschen erzittern.

Doch eh' noch im Osten die Lichtstreifen schimmern,
sind die gepanzerten Vögel schon fort.
Und Leben versank, erlosch unter Trümmern;
Schwaden durchziehn den getroffenen Ort:
Verstümmelte Kinder und Greise und Frauen –
die Sonne bescheint Entsetzen und Grauen.

Herbert A. W. Kasten

Rostock vor der Zerstörung

Luftaufnahme der Innenstadt von Westen vor 1935 AHR

Rostocks Panorama von Dierkow vor 1942 Boh

Stadttheater Hei

Steintor, Stadtseite Boh

Blick von St. Jakobi über die Innenstadt nach Osten AHR

Neuer Markt mit St. Marien vor 1942 Hei

Kröpeliner Tor, Feldseite Boh

Neuer Markt vor 1942

Hei

Luftaufnahme der Innenstadt von Südwesten vor 1935 AHR

Blick von der Unterwarnow auf St. Nikolai und St. Petri Boh

Das Vier-Tage-Bombardement auf Rostock 24.-27. April 1942

Dei Schaul brennt

Dietwart Nehring

Mit meinen Eltern und drei Geschwistern wohnte ich seit 1936 am westlichen Stadtrand von Rostock. Dort in der Graf-Lippe-Straße 1 befand sich die Landwirtschaftliche Versuchsstation, deren Leiter mein Vater war. Neben dem Institut und einer Villa, der Dienstwohnung des Direktors, gehörten zu dieser Einrichtung auch Stallgebäude und Scheunen sowie Versuchsfelder. Zwei Wäldchen mit großen Eichen und Buchen sowie ein kleiner Teich, die Quelle der Hasenbäk, verliehen dem Institutsgelände parkähnlichen Charakter. In dieser Idylle verlebte ich eine glückliche Kindheit.

Der Beginn des 2. Weltkriegs im September 1939 verbindet sich in meiner Erinnerung mit dem Bau des Luftschutzkellers im Institutsgebäude. Dieser Raum lag ebenerdig, war aber mit drei Stockwerken überbaut. Vor seiner Außenwand mit den beiden Fenstern wurde in knapp einem Meter Entfernung eine stabile Holzwand errichtet und der Zwischenraum zum Schutz gegen Bombensplitter mit Sand verfüllt. An dieser Arbeit beteiligten sich alle verfügbaren Männer der Versuchsstation, einschließlich des Direktors. Später wurde innen als zusätzlicher Schutz eine Steinwand hoch gemauert. Außerdem wurden zwei Stahltüren eingebaut und die Kellerzugänge mit Gasschleusen versehen. Diese Schleusen bestanden aus zwei großen dicken Säcken (l x 2 m), die überlappend vor den Türen angebracht waren. Verwendet wurden solche Säcke ursprünglich für den Abtransport der Getreidegarben von den Versuchsparzellen.

Der Luftschutzkeller wurde bald auch mit Doppelstockbetten ausgestattet, auf denen mit Stroh gefüllte Säcke aus Papiergewebe lagen. Von uns Kindern waren die oberen Betten am begehrtesten. Trotz ausgeschalteter Beleuchtung, es brannte dann nur eine blaue Luftschutzbirne, ist es uns nur selten gelungen, im Luftschutzkeller zu schlafen. Die Männer hielten sich im Vorraum oder draußen in Türnähe auf. Der Schutzraum wurde zunächst nur übungshalber aufgesucht. Im Grunde genommen glaubten wir nicht, dass er jemals gebraucht werden könnte. Diese Meinung wurde auch dadurch bestärkt, dass in der Anfangsphase des Krieges einige kleinere britische Bomberverbände abgeschossen wurden, bevor sie deutsches Hoheitsgebiet erreichten.

Um die nächtliche Orientierung feindlicher Flugzeuge zu erschweren, war bereits in den ersten Kriegstagen eine allgemeine Verdunklungspflicht eingeführt worden. Diese Maßnahme hatte einschneidende Folgen. Die Straßenbeleuchtung, die damals noch aus Gaslaternen bestand, wurde abgeschaltet. Die Scheinwerfer von Autos, Straßenbahnen und Lokomotiven wurden bis auf schmale Querschlitze verdunkelt. Die

Züge waren unbeleuchtet. Das spärliche Licht blauer Glühbirnen erhellte das Innere der Straßenbahnen, deren Fahrer und Schaffner nach und nach durch weibliches Personal ersetzt wurde. Bei nächtlichem Fliegeralarm wurde die Bahnhofsbeleuchtung ausgeschaltet. Ähnlich verhielt es sich bei anderen öffentlichen Gebäuden.

Im privaten Bereich führte die Verdunklungspflicht ebenfalls zu erheblichen Einschränkungen. Die Fenster der Wohnungen wurden durch primitive Rollos oder Decken verdunkelt, kleinere Fenster sogar mit schwarzem Papier zugeklebt. In wenig benutzten Räumen entfernten wir die Glühbirnen. Es wurde finster in Deutschland. Leuchtplaketten – mit fluoreszierender Farbe angemalte Abzeichen – sollten verhindern, dass man in der Dunkelheit umgelaufen wurde. Wenn Mond und Sterne durch Wolken verdeckt waren, konnte man im wahrsten Sinne des Wortes nicht die Hand vor Augen sehen. Allenfalls ältere Menschen, die noch die schlimmen Kriegsjahre erlebt haben, können sich diese Dunkelheit vorstellen. In bewohnten Gebieten gibt es sie heutzutage nicht mehr.

Auf die Einhaltung der Verdunklungspflicht wurde streng geachtet, nicht nur von uns, sondern vor allem von den Block- bzw. Luftschutzwarten, denen die Kontrolle darüber oblag. Mit der Intensivierung der Bombenangriffe kam der Selbsterhaltungstrieb hinzu. Ich erinnere mich an ein Plakat, das auf die Gefahren bei Nichteinhaltung der Verdunklungspflicht hinwies. Es zeigte ein Flugzeug, auf dem ein Gerippe hockte, das eine rauchende Bombe auf ein hell erleuchtetes Fenster schleuderte.

Es wurden Volksgasmasken ausgegeben. Sie bestanden aus dünnem Gummi, wurden über den Kopf gestreift und besaßen ein Luftfilter, durch das sich nur schwer atmen ließ. Schon das probeweise Überziehen dieser stramm anliegenden Masken war eine Qual, der Ernstfall eines Gaskrieges trat Gott sei Dank nicht ein. Luftschutzhelme standen ebenfalls zur Verfügung, sie hingen gut erreichbar an der Wand, wurden aber nur selten benutzt.

Ein mehrmals an- und abschwellender Sirenenton kündigte Fliegeralarm an. Dann musste innerhalb von zehn Minuten ein Schutzraum aufgesucht werden. Ein anhaltend gleich bleibender Sirenenton bedeutete Entwarnung. Diese Signale wurden später ergänzt durch drei gleichbleibende längere Warntöne für Voralarm und Vorentwarnung.

Um die Brandgefahr zu verringern, wurden die Dachböden von hölzernem Material entrümpelt und die Balken nebst Sparren dick mit einem schwer entzündlichen Kalkanstrich versehen. Im Treppenhaus standen Eimer mit Wasser, Handspritzen, Tüten und Kisten mit Sand sowie Feuerpatschen und Schaufeln bereit, um die Ausbreitung von Bränden zu verhindern. Im Einzelnen hat sich diese Maßnahme bewährt. Ich erinnere mich dabei an das frühere Chemische Institut in der Buchbinderstraße. In den Bombennächten des April 1942 hat eine couragierte Laborantin, die Brandwache hatte, mit einfachen Löschmitteln ein Abbrennen des Gebäudes verhindert.

In den beiden ersten Kriegsjahren gab es nur selten Fliegeralarm. Gelegentlich schoss auch schon mal die Flak (Fliegerabwehrkanone). Ich fand meinen ersten Granatsplitter, den ich überall voller Stolz vorwies, und der auch bei den Erwachsenen Aufmerksamkeit erweckte. Das Sammeln von „Flaksplittern" und später auch von Bombensplittern war unter den Kindern, nicht nur der Jungen sondern auch der Mädchen, weit verbreitet. Wir wurden auch vor angeblich explodierenden Füllfederhaltern und wärmeentzündlichen Phosphor-Brandblättchen gewarnt, die von britischen Flugzeugen abgeworfen würden.

In den Anfängen des Luftkrieges wurde versucht, Rostock und Warnemünde durch künstlichen Nebel zu schützen. Überall an den Chausseen rund um das Stadtgebiet sah man Fässer liegen, aus denen das Nebel bildende, stark ätzende Gas abgelassen wurde. Rund um diese Fässer war die Vegetation „verbrannt". Der Erfolg dieser Aktion war gleich null. Entweder die Engländer hatten gar nicht vor die Stadt anzugreifen und flogen in größerer Entfernung vorbei, oder der Wind vertrieb den Nebel. Diese umweltschädlichen Aktionen (im Krieg das geringste Übel!) wurden daher nach kurzer Zeit eingestellt.

Danach versuchte man, die Stadt durch Fesselballons zu schützen. Diese Ballons, die wie riesige Elefanten aussahen, wurden abends von Flaksoldaten an einem dünnen Stahlseil hochgelassen und morgens wieder eingeholt. Sie besaßen hinten ein Kreuzleitwerk, damit sie sich in den Wind drehten und waagrecht standen. Bei stärkerem Wind konnten sie nicht eingesetzt werden. Fesselballons waren u. a. auf der Alten Rennbahn, dem heutigen Standort des Pharmakologischen Instituts an der Schilling-Allee, und auf der Elisabeth-Wiese stationiert, wo wir das Aufsteigen aus der Nähe beobachten konnten. Die Anzahl der Fesselballons war so groß, dass der Himmel über Rostock mit ihnen übersät war. Da sie den Flugverkehr der Heinkel- und Aradoflugzeugwerke behinderten, wurden sie nach kurzer Zeit abgezogen.
Die Fliegeralarme, die zunächst nur nachts erfolgten, waren für uns Kinder anfangs noch eine spannende Begebenheit. Mitten in der Nacht aufstehen zu müssen und in den Luftschutzkeller zu eilen, war neu und interessant. Außerdem fielen wegen der gestörten Nachtruhe anderntags die beiden ersten Unterrichtsstunden aus. Neu war für uns Kinder auch die Einführung der Sommerzeit, eine Maßnahme, an die sich ältere Menschen noch vom 1. Weltkrieg her erinnerten.

Ende April 1942 kam es in Rostock zu den bis dahin schwersten Dauer-Bombardements auf eine deutsche Stadt. In vier aufeinander folgenden Nächten legte die Royal Air Force große Teile der Rostocker Innenstadt in Schutt und Asche. Auch in den Randgebieten entstanden erhebliche Schäden. Obgleich verboten, hat mein Vater im Sommer 1942 Schwarz-Weiß-Fotos und Farbdias des zerstörten Rostocks aufgenommen.

Der aus meiner Sicht schwerste Angriff fand in der zweiten Nacht statt, als etwa 50 und 80 Meter von unserem Luftschutzkeller entfernt zwei Sprengbomben in die Versuchsfelder des Instituts einschlugen. Durch die Druckwellen der Detonationen wurden wir mächtig durchgerüttelt. Außerdem erlosch das Licht im Luftschutzkeller, was die Angst noch verstärkte. Wir waren jedoch, ebenso wie bei späteren Angriffen, nur kurze Zeit ohne elektrischen Strom. In den Gebäuden der Versuchsstation waren viele Fenster durch die Druckwellen der Bombendetonationen geborsten. In der Villa konnten wir vor Glassplittern kaum treten. Jetzt begann das große Aufräumen. Bei dieser Arbeit schöpften wir neuen Mut. Die Fenster wurden provisorisch abgedichtet, zunächst mit Decken und Pappe. Später gab es durchsichtige Zelluloidfolie, die beidseitig auf einem dünnen Drahtgeflecht verklebt war und mit kleinen Krampen oder Blauköpfen auf den Fensterrahmen genagelt wurde. Nach diesen Erfahrungen wurden die Fenster bei Fliegeralarm geöffnet und widerstanden so den Druckwellen. Die Doppelfenster wurden in der warmen Jahreszeit ausgehängt.

Nach der vierten Bombennacht war Rostock so stark zerstört, dass die Versorgung mit Lebensmitteln, Energie und Wasser nicht mehr gewährleistet werden konnte. Frauen und Kindern sowie ältere Menschen wurden daher von den Behörden aufgefordert, die Stadt zu verlassen. Wir kamen zunächst für kurze Zeit im Gutshaus von Teschendorf unter. Da dieses Dorf wegen seiner Nähe zu Rostock durch weitere Luftangriffe gefährdet war, wurden wir auf das Gut Bütow bei Röbel verlegt. Dort blieben wir etwa sechs Wochen. Als sich die „Luftlage“ scheinbar entspannt hatte, kehrten wir nach Rostock zurück.

Später fand ich ein englisches Flugblatt, das ich als Feindpropaganda eigentlich gar nicht lesen durfte. In diesem Flugblatt wurden die Zerstörungen von Coventry und Rostock in Bild und Schrift miteinander verglichen. Die südenglische Industriestadt Coventry war im November 1940 von deutschen Bomberverbänden angegriffen und schwer in Mitleidenschaft gezogen worden. Dies diente als Begründung für die gezielten „Terrorangriffe“ auf deutsche Städte durch die Royal Air Force. Der Hass auf Hitlerdeutschland war so groß, dass die Westmächte unverblümt erklärten, dass die deutschen Städte ohne Rücksicht auf zivile Opfer ausradiert, dem Erdboden gleich gemacht werden sollten. Dieser Erklärung folgten Taten!

Ein anderes Flugblatt zeigte auf der Vorderseite einen Hitlerjugendführer, der mit strahlendem Gesicht in den Russlandfeldzug zog. Auf der Rückseite war das gleiche Gesicht zu sehen, jetzt aber schmerzverzerrt und erstarrt unter einem zerschossenen Stahlhelm inmitten anderer Toter in einer Winterlandschaft und zerstörtem Kriegsgerät. Der Leichnam reckte wie zur Anklage den frosterstarrten rechten Arm in die Höhe. Über dem einen Bild stand: „Als Fähnleinführer ist er ausgezogen“, und über dem anderen war zu lesen: „...und das ist von ihm übrig geblieben“ (nur dem Inhalt nach authentisch).

Zum Schutz der Heinkel- und Aradoflugzeugwerke sowie der Neptunwerft wurden im Sommer 1942 überschwere Flakgeschütze in der Nähe von Rostock postiert. Statt der üblichen 8,8 cm-Kanonen konnten sie mit Granaten vom Kaliber 10,5 cm schießen. Eine Batterie, die mit diesen Geschützen ausgerüstet war, stand auf der Biestower Feldmark, nur etwa zwei Kilometer Luftlinie vom Institutsgelände entfernt. Als wir Kinder zum ersten Mal die lauten Abschüsse und Granatdetonationen der schweren Flak hörten, sind wir durchgedreht, uns klapperten vor Angst die Zähne. Das Zähneklappern, das von einem Schlottern der Glieder begleitet war, wirkte ansteckend und konnte nicht unterdrückt werden. Es war so laut, dass man es trotz des Geschützlärms hörte. Wir beruhigten uns erst, als nach etwa zwei Stunden der Luftschutzkeller verlassen werden konnte. Bei diesem Störangriff der Briten waren kaum Bomben gefallen. Solche Angriffe dienten vor allem dazu, die Menschen zu beunruhigen.

Eines Tages, als ich wieder einmal auf der Suche nach Flak-(Granat-)Splittern war – es konnten ja nie genug sein, – fand ich Alustreifen, die auf schwarzes Papier geklebt waren. Sie hatten eine Länge von vielleicht 25 Zentimetern und eine Breite von zwei Zentimetern. Diese Streifen waren von den britischen Flugzeugen abgeworfen worden, um die Funkpeilung der deutschen Luftabwehr zu stören. Später waren die Alustreifen nur noch wenige Millimeter breit. Wir haben sie zu Hunderten, zum Teil noch gebündelt, gefunden.

Ungefähr 1943 wurde damit begonnen, Meldungen über die Luftlage zu verbreiten. Dies geschah durch den so genannten Drahtfunk, der mit dem Telefonnetz gekoppelt war. Diese Meldungen lauteten in etwa: „Achtung! Achtung! Hier spricht die Kreisleitung Rostock-Stadt. Starke feindliche Bomberverbände befinden sich im Anflug auf das nordwestliche Reichsgebiet." Zwischen den einzelnen Meldungen waren Pieptöne zu hören. Wurde das nördliche Reichsgebiet genannt, mussten wir in Kürze mit Fliegeralarm rechnen. Die Grenze zwischen den beiden Luftwarngebieten verlief längs der Elbe. Die Luftlagemeldungen unterschieden zwischen schwachen und starken Bomberverbänden. Den Betroffenen war es allerdings egal, ob sie von den Bomben eines einzelnen Flugzeugs oder bei einem Großangriff ihr Hab und Gut, wenn nichts Schlimmeres, verloren. Bei den Luftlagemeldungen wurde auch darüber informiert, ob mit einem Luftangriff zu rechnen ist oder ob die Verbände im Abflug begriffen sind. Dieser Meldungen wegen dudelte nunmehr ständig ein Radio. Deshalb stand auch im Vorraum unseres Luftschutzkellers ein Volksempfänger – im Volksmund respektlos Goebbels-Schnauze genannt.

Zum Schutz der Rostocker Bevölkerung vor Bombenangriffen war ab 1941 verstärkt begonnen worden, Luftschutzbunker aus dem Boden zu stampfen, so u. a. am Südeingang des Parkbahnhofs, im Hansaviertel (Gustloff Bunker[1]), bei der Jakobi-Kirche sowie zuletzt am Hauptbahnhof (hier steht heute das Inter-City-Hotel). Diese Bunker waren rechteckige Betonklötze, die nicht über die Häuser hinausragten. Sie hatten drei Etagen, ihre meterdicken Stahlbetonwände hielten den schwersten Bomben der damaligen Zeit stand. Der Bunker am Hauptbahnhof wurde 1944 von einer Sprengbombe getroffen. Die Einschlagstelle an seiner oberen Kante war durch abgeplatzte Betonsplitter deutlich sichtbar. Darüber hinaus war nichts passiert. In der Bleicherstraße, in der sich

[1] Wilhelm Gustloff: Von den Nationalsozialisten hochstilisierter Märtyrer (Wikipeda)

ein Zweigbetrieb der Heinkel-Flugzeugwerke befand, standen Rundbunker mit 10–15 m Durchmesser. Um Bomben abzulenken, liefen sie oben spitz zu. In den Unterwall und den Berg am Güterbahnhof wurden betonierte Schutzstollen getrieben. Der Stollen am Güterbahnhof war die Befehlsstelle der NSDAP-Kreisleitung. Außerdem wurden zahlreiche betonierte Schutzgräben gebaut, die oberirdisch mit einer dicken Erdschicht abgedeckt waren. Ich war nie in einem öffentlichen Luftschutzbunker und weiß daher nicht, wie sie im Inneren aussahen.

Bis auf den Gustloff-Bunker und einen Bunker auf dem Gelände der Neptunwerft, die heute noch stehen, wurden die anderen nach dem Kriege gesprengt, in mühevoller Kleinarbeit mit Presslufthämmern zerkleinert und abgetragen. Beim Bunker am Parkbahnhof waren die Sprengladungen zu hoch bemessen. Die Trümmer brachten die Vorderfront des gegenüberliegenden Hauses zum Einsturz und blockierten längere Zeit die Theodor-Körner-Straße (Arno-Holz-Straße). Die Zugänge zu den Luftschutzstollen wurden zugemauert oder verschüttet.

Nach vier Jahren Unterricht in der „Volksschule" war ich im Sommer 1941 an die Sieben-Linden-Oberschule gewechselt. In diesem Jahr erfolgte die Versetzung anstatt zu Ostern erstmals im Sommer. Die Schule bei den Sieben Linden in der Lindenstraße 3a war eine Oberrealschule Sie lag direkt hinter dem alten Rostocker Stadttheater. Auf diesem Areal stehen heute die Gebäude des Ostseedrucks.

In der Sieben-Linden-Schule begann für uns der Fachunterricht. An zwei meiner Lehrer erinnere ich mich besonders gut. Geschichte unterrichtete ein älterer Pädagoge, der für mich der Inbegriff eines überforderten, von den Schülern gepiesackten Lehrers war. Durch anhaltendes Brummen konnte er auf die Palme gebracht werden. Wenn es in der einen Ecke der Klasse still wurde, ging es anderswo los, und der Lehrer tobte hinterher ohne die Schuldigen zu fassen. Als er einmal in seiner Rage mit der Hand auf das Pult eines Schülers schlagen wollte, zog er sich zu unserem Gaudi an einem aufrecht gehaltenen Federhalter eine stark blutende Wunde zu. Kinder können unter dem Schutz des Klassenkollektivs grausam sein!

Englisch hatten wir bei einem guten Fachlehrer mit Spitznamen „Lotting", der aber noch den Stock benutzte und sich wie ein Super-Nazi gebärdete. Wenn ein Schüler nicht parierte, erhielt er *Stripzirol*, d. h. einen oder zwei Schläge mit dem Stock auf die Handfläche. Gelegentlich bin auch ich in den Genuss dieser Züchtigung gekommen und weiß wie schmerzhaft sie ist. Dieser Lehrer war ein so genannter Politischer Leiter, ein Goldfasan. Er erschien als einziger mir bekannter Lehrer in seiner mostrichfarbenen Naziuniform zum Unterricht, ohne dass ein triftiger Grund dafür vorlag. Weil er klein war, vermute ich, dass er dadurch sein Selbstwertgefühl heben wollte.

In einer der Bombennächte im April 1942 wurden besonders das Steintor und seine Umgebung durch Brände in Mitleidenschaft gezogen. Das Tor brannte ebenso ab wie das alte Stadttheater am Rosengarten und die Sieben-Linden-Schule. Einer meiner Mitschüler, dessen Vater Lehrer in Bentwisch war, hat den Brand der Sieben-Linden-Schule aus der Ferne beobachtet. In heller Aufregung und hoffend, dass es vorerst vorbei sei mit der Schule, hat er ausgerufen: „Dei Schaul brennt, dei Schaul brennt!" Seine Hoffnung war berechtigt, denn der Unterricht fiel mehrere Wochen aus. Er begann erst wieder nach den Sommerferien. Die Schüler aus der Sieben-Linden-Schule wurden in der Goethe-Schule untergebracht. Wegen der damit verbundenen Überbelegung musste in zwei Schichten unterrichtet werden. Montags wurden die Schichten gewechselt. Als die Amerikaner 1943 begannen, Tagesangriffe zu fliegen, mussten wir bei Fliegeralarm die Luftschutzkeller in der Goethe-Schule aufsuchen. Wir taten dies immer mit gemischten Gefühlen. Denn diese Räume hätten einem Bombenvolltreffer kaum standgehalten.

Ab 1943 gingen die Royal Air Force und später das alliierte Bomberkommando dazu über die Häuser und städtischen Infrastrukturen zuerst durch Sprengbomben zu zerstören und anschließend mit Brandbomben Großbrände zu entfachen. Diese Taktik war erfolgreich. Dagegen erfüllten sich die Erwartungen der Alliierten nicht, die Moral der Zivilbevölkerung zu brechen. Im Gegenteil, die Terrorangriffe *„schmiedeten die deutsche Volksgemeinschaft"* enger zusammen, es entstand die so genannte *Heimatfront*. Bis zum bitteren Ende glaubten die meisten Deutschen an den von Adolf Hitler und seinen Kumpanen propagierten Endsieg.

Die in den letzten Kriegsjahren verstärkt einsetzenden Bombardierungen deutscher Städte durch angloamerikanische Bomberverbände veranlassten die Behörden, die Schulen in besonders bombengefährdeten Städten zu schließen. Unter der Bezeichnung Kinderland-Verschickung (KLV) wurden die Kinder in weniger gefährdete Gebiete evakuiert. Die Evakuierung der Rostocker Schulen begann im Herbst 1943. Nur die 11. und 12. Klassen blieben in Rostock. Die Schüler dieser Klassen wurden als Luftwaffenhelfer eingesetzt. Sie hatten Schulunterricht und standen gleichzeitig bereit, um bei Fliegeralarm die Flakgeschütze zu bedienen. In den KLV-Lagern lag die Erziehung der 10–14jährigen Kinder jetzt fast ausschließlich in den Händen der sie begleitenden Lehrer und Führer der nationalsozialistischen Jugendorganisation.

Am meisten unter der Evakuierung litten die Kinder der unteren Klassen. Auch wenn die Gasteltern sich bemühten, sie gut zu versorgen, vermissten sie ihre Eltern und Geschwister. Auf sich allein gestellt mussten sie früh selbständig werden und Verantwortung übernehmen. Meine Frau, die als achtjähriges Mädchen nach Neukalen bei Malchin evakuiert wurde, hat mir von dieser Zeit berichtet. Sie wurde gut behandelt und hatte nichts auszustehen. Trotzdem setzte sie alles daran, so oft wie möglich nach Hause zu fahren. Im Zug nach Rostock war sie mit gleichaltrigen Mitschülerinnen zusammen. Sie wurden jedoch selten von einer erwachsenen Person begleitet, obgleich zweimal umgestiegen werden musste. Niemand hatte deswegen Bedenken!

Ich brauchte nicht ins KLV-Lager. Da mein Vater die Familie nicht auseinander reißen wollte, brachte er meine Mutter und uns vier Geschwister bei einem befreundeten Landwirt in Lalendorf unter. Ich wurde Fahrschüler und fuhr täglich mit dem Zug ins benachbarte Güstrow. Dort ging ich auf die John-Brinkman-Oberschule. Für mich begann eine herrliche Zeit. Der Aufsicht des gestrengen Herrn Vaters entzogen, der in Rostock bleiben musste, war ich, 13-jährig, weitgehend frei in meinen Entscheidungen: Wenn ich im Vietgester See baden oder angeln wollte, tat ich das; wenn ich keine Lust auf die Schule hatte, schwänzte ich; wenn ich mal eben mit dem Zug nach Rostock fahren wollte, fand sich immer ein Grund. Obgleich sich die Fronten aus allen Richtungen immer schneller auf das Großdeutsche Reich zubewegten, kam mir der Krieg sehr fern vor. Ich wurde nur an ihn erinnert, wenn die Bomberpulks der Fliegenden Festungen als silbern glänzende Pünktchen hoch über uns hinweg flogen und ihre todbringende Last nach Berlin oder zu anderen deutschen Städten trugen.

Während unserer Lalendorfer Zeit sind wir zwischendurch immer mal in Rostock gewesen, um in Haus und Garten nach dem Rechten zu sehen. Wir fuhren dritter Klasse und saßen auf harten Holzbänken, daher auch der Name Holzklasse. Aber für die rund 55 Kilometer lange Strecke, für die der Zug eineinhalb Stunden brauchte, hielt man das schon aus. Einmal als ich spät abends mit meiner Mutter zusammen nach Rostock fuhr, stiegen auf einem unbeleuchteten kleinen Bahnhof zwei Landser (Soldaten) zu, Urlauber, die mit meiner Mutter anbändeln wollten. Sie versuchten dies mit polnischen und russischen Redewendungen, die sicher nicht stubenrein waren; so viel verstand ich inzwischen auf Grund meiner Kontakte zu den polnischen Fremdarbeiten, die auf dem Gut arbeiteten. Ich rutschte schon unruhig auf meinem Sitz hin und her. Da sagte meine Mutter, der das Ganze lästig wurde, etwas auf Französisch. Die Soldaten schwiegen verblüfft und fragten dann, was sie gesagt hätte. Meine Mutter antwortete, sie habe erwartet, dass die Herren, die so mit ihren Sprachkenntnissen brilliert hätten, auch französisch verstünden. Dann übersetzte sie den Satz ins Deutsche. Er lautete: „In der Nacht sind alle Katzen grau“. Als sie dann noch einen fast 14-jährigen Sohn präsentierte, war Ruhe, und seitdem weiß ich, dass meine Mutter auch französisch sprach.

Ende 1944 kehrten wir nach Rostock zurück, um der Kälte in unseren schlecht beheizbaren Räumen des Lalendorfer Gutshauses zu entkommen. Schulunterricht gab es nicht mehr. Da die Rostocker Innenstadt weitgehend in Schutt und Asche lag sowie fast alle kriegswichtigen Industrieanlagen und die Flugplätze zerstört waren, hatten die westalliierten Luftstreitkräfte ihre Angriffe auf Rostock eingestellt.

Nach einem einjährigen Intermezzo in der Großen Stadtschule am Rosengarten kehrte ich im Sommer 1946 an die Goethe-Schule, die den Krieg unversehrt überstanden hatte, zurück. Im Jahr 1950 habe ich 19-jährig an dieser Schule mein Abitur abgelegt. Die ausgebrannte Ruine der Sieben-Linden-Schule wurde unmittelbar nach dem Krieg notdürftig in Stand gesetzt und diente vorübergehend der Arbeiter- und Bauernfakultät (ABF) als Domizil. An dieser Einrichtung konnten Kriegsteilnehmer sowie Flüchtlinge und Vertriebene aus dem Osten nachträglich die Hochschulreife erwerben. Später gehörte das Gebäude in der Lindenstraße 3a, das in den Jahren 2003/2004 von Grund auf rekonstruiert wurde, zum Gymnasium Große Stadtschule. In dem gleichen Gebäude, in dem ich 1941 meine Oberschulzeit begann, hat einer meiner Enkelsöhne 2008 sein Abitur abgelegt.

Schrecken meiner Kindheit: Bombenangriffe

Heinz Lange

Mein Vater war seit Kriegsbeginn 1939 Soldat. Meine Mutter wohnte mit mir und meinem fast vollständig gelähmten Großvater in der dritten Etage der Kasernenstraße (heute Budapester Str.) Nr. 63. Es war ein Eckhaus an der Yorkstraße (heute Friesenstraße). Bei Fliegeralarm und während der Angriffe auf Rostock und Warnemünde 1940 und 1941 – die unseren Stadtteil verschonten – eilte meine Mutter mit mir in den Luftschutzraum des Hauses, einen mit dicken Balken abgesteiften großen Keller. Die nach der Yorkstraße ebenerdig führenden Kellerfenster waren von außen mit großen hölzernen Sandkästen verschlossen. Diese Kästen waren für uns Kinder übrigens beliebte Tobe- und Spielplätze, sehr zum Ärgernis der Hauswirtin und anderer Mieter. Die zwei Jahre jüngere Helga R. und ich waren in jenen Jahren die einzigen Kinder im Hause. Verständlich, dass wir befreundet waren und die Fliegeralarme, wenn nichts passierte, im Keller zum Spielen nutzten.

Doch die nächtlichen Vier-Tage-Bombardements im April 1942 sollten für uns in unauslöschlicher schrecklicher Erinnerung bleiben. [...]

Die Bombennächte...

Drei von den vier Nächten mußte ich in Rostock erleben. Vom Sirenengeheul aus dem Schlaf gerissen, ging es in den Keller. Das Flakgebelle, die Motorengeräusche der Flugzeuge und die Bombeneinschläge ließen den Kellerboden erzittern, die Beleuchtung flackern und Todesängste aufkommen. Die schlimmste Nacht war die dritte. Die Flugabwehr war durch schwerste Flakgeschütze, die sogenannte Eisenbahnflak, verstärkt worden. Diese Geschütze donnerten mit unvorstellbarem Getöse, das die Luft im Keller und das Gemäuer vibrieren ließ. Die Bombeneinschläge in der weiteren und nächsten Umgebung waren unerträglich. Mein Großvater war in der Wohnung geblieben. Vom Wohlfahrtsamt hatte er eine Bescheinigung, dass er bei Alarm nicht in den Keller mußte, wie ich später von meiner Mutter erfuhr. So war Opa in höchster Gefahr. Meine Mutter flehte den einzigen im Keller befindlichen Mann, Herrn R., der bei den Heinkel-Flugzeugwerken als versierter Fachmann „uk" gestellt war, an, ihn aus der Wohnung zu holen. Unter Einsatz seines Lebens, trug der schmächtige Mann meinen Großvater auf dem Buckel nach unten. (Herr R. sorgte mit meiner Mutter bald darauf dafür, dass Opa in ein Altersheim nach Graal-Müritz kam.)

Ein unbeschreibliches Krachen und Getöse, Staub, erlöschende Beleuchtung, von draußen zu sehende lodernde Flammen ließen einen Bombentreffer im Haus vermuten. Alles schrie. Der beherzte Herr R. führte uns zum Kellerdurchbruch des Nachbarhauses. Von dort hatten die Bewohner bereits den nur mit Mauersteinen verstellten Durchbruch zu uns eingestoßen, da sie vermeinten, ihr Haus habe einen Bombentreffer bekommen.

Flammen erhellten das gespenstische Dunkel während der nunmehr entfernteren Bombenabwürfe und des Flakfeuers. Nach Abklingen des Infernos -- eine Entwarnungssirene war nicht zu vernehmen – verließen wir die Kellerräume. Es waren schreckliche Bilder, die sich uns nun boten. Überall Schutt und Beschädigungen im Treppenhaus. Die großen

Schaufensterscheiben des im Haus befindlichen Tabak-Eckladens waren zertrümmert. Ein Telegrafen- oder Stromleitungsmast lag quer im Laden. Die schräg gegenüberliegende Front der Häuser Kasernenstraße Nr. 22 bis 26 brannte lichterloh. Ich erinnere mich als Detail an ein Feuer auf dem Ladenfenstersims der Bäckerei Mau. Brandgeruch, Hitze und in der Luft wirbelnde verkohlte Rudimente erschwerten das Atmen. Meine Mutter brachte mich nach oben. Todmüde fiel ich in mein Bett, das Mutter von Schutt- und Scherbenresten wohl notdürftig gesäubert hatte.

Am Morgen nach dieser grausamen Nacht wurde ein Teil des Ausmaßes der Bombardierung der Kasernenstraße deutlich. Das nur etwa 15 Meter gegenüberliegende Eckhaus Nr. 62 hatte einen Sprengbombenvolltreffer erhalten. Man sprach später von einer Luftmine. Teile des Dachs lagen auf den Resten der Mauern der ersten Etage. Die zweite und dritte Etage sowie die Bodenräume waren nicht mehr vorhanden. Wie ein Wunder, so wurde später erzählt, war niemand der Hausbewohner verletzt. Sie sollen nach dem Verlassen ihres Luftschutzkellers erstaunt gewesen sein, dass ihr Haus einen Treffer bekommen hatte. Man vermutete, ein Nachbarhaus sei getroffen worden. Die gegenüberliegenden Häuser brannten immer noch. In unserer Wohnung war nicht eine Fensterscheibe heil geblieben. Eine dicke Schuttschicht bedeckte den Fußboden. Splitter und Trümmerstücke hatten zum Glück nur geringe Schäden an der Wohnungseinrichtung verursacht.

Über Lautsprecherwagen rief man nach dieser dritten Bombennacht alle Frauen mit Kindern auf, die Stadt zu verlassen. Sammelpunkte wurden genannt. Für uns war es die Philharmonie (heute Volkstheater) in der Horst-Wessel-Straße (heute Patriotischer Weg). Auf dem Wege dorthin waren brennende Häuser sowie Ruinen und Trümmer in der Waldemarstraße, in der Clausewitzstraße (heute Borwinstraße) sowie am Margaretenplatz zu sehen. Rauch und durch die Luft wirbelnde schwarze Papierfetzen erschwerten das Atmen. Busse brachten uns nach Bad Doberan. Ich weiß nicht mehr, wo wir dort untergebracht waren, erinnere mich jedoch an die vierte Bombennacht. Nach dem Verlassen eines Luftschutzraumes bot das brennende Rostock einen schaurigen Anblick.

Einige Zeit lebte ich dann bei meiner Tante in Ribnitz. Mutter mußte zurück nach Rostock und arbeiten. Mein Vater bekam kurzen „Sonderurlaub“, um Schäden zu beseitigen und die Fenster der Wohnung mit Holz oder Dachpappe zu vernageln. Er machte, trotz strengen Verbots, Fotos von den zerstörten Häusern in der Kasernenstraße.

...und danach

Noch im selben Jahr erfolgte der Abriss des zerstörten Eckgebäudes Kasernenstraße Nr. 62 bis auf einige Mauerreste. 1943 wurden die Grundmauern der ausgebrannten Häuserzeile 22 bis 26 abgerissen: Man befestigte Stahlseile mit einer Drehleiter an den Mauern. Mit einem schweren Flaschenzug, der an den gegenüber stehenden Linden befestigt wurde, brachten ältere Feuerwehrleute Teile des Mauerwerks zum Einsturz. Einmal krachte eine ganze Häuserfront auf das Straßenpflaster, so dass sich die Männer schnellstens weglaufend in Sicherheit bringen mussten. Die Trümmer schob man mit einem Bulldozer auf die Grundstücke. Es entstanden so gewaltige Trümmerberge. Kriegsgefangene und Ostarbeiter setzte man später ein, die Ziegelsteine beputzen und bergen mussten. Doch die Masse der Trümmerberge verblieb dort bis um 1946. Für uns Kinder ideale Spielplätze –

jedoch nicht ganz ungefährlich. Aus Mauersteinen, Eisenträgern, Balkenresten und anderen reichlich herumliegenden Trümmerteilen bauten wir leichtsinnigerweise z.B. Höhlen. Mit einer Lorenbahn erfolgte damals dann der Abtransport durch die Yorkstraße und Jahnstraße nach der Elisabethwiese. Die Wiese, ursprünglich tiefer gelegen, erhielt mit diesen und weiteren Schuttmassen anderer Straßen ein höheres Terrain.

Bei vielen meist nächtlichen Fliegeralarmen suchte meine Mutter mit mir öffentliche Luftschutzbunker auf. Da nachts draußen absolutes Verdunklungsgebot bestand, trug jeder eine kleine runde Leuchtplakette an der Kleidung. Ein Bunker war am Parkbahnhof in der Theodor-Körner-Str. (heute Arno-Holz-Str.), Ecke Am Röper. Ein weiterer, in der Nähe gelegen, war der Gustloff-Bunker am Wilhelm-Gustloff-Platz (heute Thomas-Müntzer-Platz). Auch die Keller in der Füsilier-Kaserne in der Ulmenstraße dienten der Bevölkerung als Schutzräume. Neben Soldaten mit Stahlhelm, Gasmaske und Karabiner saßen wir mit unseren umgehängten Volksgasmasken einträchtig in den gewaltigen Kellergewölben der Kaserne.

Noch 1942 wurde ich eingeschult. Die Margaretenschule war damals sowohl Mädchen- als auch Knabenschule. Gab es am Tage Voralarm, konnten alle Kinder, die bis im Umkreis eines Kilometers wohnten, schnell nach Hause laufen. Bei Vollalarm verblieben alle in den Kellern der Schule.

Einen Tagesluftangriff auf Rostock, der mir in besonders schrecklicher Erinnerung blieb, möchte ich nicht unerwähnt lassen. Es geschah an einem Sonntag im Frühjahr 1944 (lt. Bohl / Keipke / Schröder: „Bomben auf Rostock" am 20.2.1944). Es war ein sonniger Tag. Um die Mittagszeit heulten die Sirenen Voralarm. Man blieb in der Wohnung bis zum Vollalarm. Wir hatten Mittag gegessen. Alles blieb ruhig. Plötzlich nachmittags zusammen mit dem Vollalarm-Sirenengeheul, ohrenbetäubende Explosionen. Vom Küchenfenster aus sah ich ein grelles Aufblitzen und das Einstürzen des Eckhauses Kasernenstraße 67, Ecke Clausewitzstraße. Es war ein unbeschreibliches Krachen und Bersten. Ich schrie meine Mutter an und weinte: „Lass uns in den Keller gehen". Aber Mutter wollte aus irgendwelchen Gründen nicht. Der Angriff währte nicht lange. Auf das unserer Wohnung gegenüberliegende Dach der Yorkstr. 1 war ein mächtiger Balken geschleudert worden. Wenn der unser Haus getroffen hätte, war mein Gedanke. Der Angriff galt der Neptunwerft und richtete dort erhebliche Schäden an. U.a. wurden weiterhin der Gasometer am Werftgelände und mehrere Wohnhäuser in der KTV getroffen. Mehr als 40 Menschenleben waren zu beklagen.

Bis zum Ende des Krieges mußte ich noch viele Alarme und einige Bombenangriffe auf Rostock miterleben. Auch Neubrandenburg, wo ich 1944 ein halbes Jahr im Rahmen der Kinder-Evakuierung bombengefährdeter Städte bei meinen Großeltern lebte und dort zur Schule ging, war oft Flugschneise der anglo-amerikanischen Bomberverbände nach der „Reichshauptstadt". Trotz des nahen Luftwaffenflugplatzes Trollenhagen erfolgten damals keine Angriffe auf die Stadt. Neben der Angst eventueller Bombenabwürfe während der Fliegeralarme war die Neubrandenburger Zeit doch erholsam für ein Großstadtkind.

Es waren für ein Kind grauenhafte schreckliche Erlebnisse, die man nie vergißt und oft psychische Störungen zur Folge hatten. Wir waren Kriegskinder.

Luise Utpatel berichtet in einem zehnseitigen Brief über die Bombenangriffe im April/Mai 1942[2]

Hopfenmarkt: Charlotte Utpatel wohnte mit Luise, Johannes und Gertrud im 3. Haus von links (heute Kröpeliner Str. 74), im 2. Stock Utp

Vorbemerkung zum Bericht von Luise Utpatel
Jörg Utpatel

Etwa 1937 war Pastorenwitwe Charlotte Utpatel die Wohnung in der Wokrenterstraße 9, wo sie 27 Jahre gewohnt hatte, von der Hausverwalterin gekündigt worden. Nun musste eine andere Wohnung gesucht werden. Das übernahm ihre Tochter Sofie, die bei ihr wohnte. Es fanden sich kleinere, sehr schöne Wohnungen, aber Charlotte wollte unbedingt eine große Wohnung haben, und so wurde eine am Hopfenmarkt 20 (vor der Universität an der Hauptgeschäftsstraße) gemietet.[3] Diese Wohnung war noch größer als die vorherige. Sie wollte wohl jederzeit Platz für ihre Kinder haben, hoffte sie doch auch, die drei (1907, 1920 und 1923) nach Argentinien ausgewanderten würden bald wieder zurückkommen.

Tatsächlich kehrte Luise Utpatel im März 1938 mit ihren Nichten Trudi (Gertrud) und Evi (Eva), den Töchtern ihres Bruders Johannes, aus Argentinien nach Deutsch-

---

[2] mit Schreibmaschine geschrieben; originale Durchschrift (für alle Geschwister) mit Unterschriften vorhanden

[3] unter ihnen wohnte ein Herr Wegner, über ihnen Familie Ebeling, die Schüler als Pensionäre aufgenommen hatte

land zurück. Johannes, sein Sohn Adolf und Bruder Karl-Theodor kamen im November 1938 nach. Johannes fand eine Anstellung bei der Schiffswerft in Rostock. Er, Luise und die beiden Mädchen konnten sogleich in der mütterlichen Wohnung am Hopfenmarkt Quartier nehmen.

Luise führte bei ihrer Mutter den Haushalt am Hopfenmarkt, wobei ihr ein Tagesmädchen zur Seite stand [...].

Nach den ersten Bombenangriffen auf Rostock, zog Charlotte Utpatel nach Güstrow, wo sie bei ihrer Tochter Margarete Zuflucht und Sicherheit im Schlosskrankenhaus fand.

Luise, Johannes und seine Tochter Gertrud blieben in der Rostocker Hopfenmarkt-Wohnung zurück. Zusammen mit anderen Hausbewohnern retteten sie während der Bombenangriffe im April/Mai 1942, was zu retten war. Es gelang ihnen durch große Umsicht, dieses Haus tatsächlich vor der Zerstörung zu bewahren.

Luises späteres Pflegekind Erika Hoffmann erzählt, was diese ihr berichtet hat: „(Tante Lisi) hat keine Angst gekannt... Im Krieg ist die Breite Straße ja zur Hälfte wegradiert worden durch Bombenangriffe. Und auch die Fortsetzung des Hopfenmarktes Richtung Kröpeliner Tor. Und die Ecke, wo Tante Lisis Haus oder ihre Wohnung war am Hopfenmarkt, da hatten sich junge Frauen zusammengetan und mit dem Luftschutzwart gesprochen, haben Kleidung bekommen und Handschuhe, spezielle Handschuhe – und wenn dann alles in die Keller ging, sind die jungen Frauen auf die Dachböden gestiegen, haben die Luken aufgemacht und sobald eine Bombe durchs Dach schlug, hingepackt und die Brandbomben raus auf die Straße. Und dadurch ist die ganze Häuserfront stehen geblieben.“ [4]

Seestadt Rostock; 14.5.42 [5]

Liebe Mutter und Geschwister!

Heute vor 14 Tagen hatten wir die erste Nacht der Bombenangriffe [6] vor uns. Wir haben in den folgenden Tagen viel Schweres erlebt und kommen erst allmählich innerlich zur Ruhe, um fähig zu sein, Euch davon zu berichten.

Am **Donnerstag, dem 23. April**, saßen Johannes, Trudi und ich gemütlich beisammen und erzählten noch bis spät in die Nacht. Als wir endlich uns trennten, um uns zur Ruhe zu begeben, wurde uns diese Ruhe nur zu bald gestört. Die Sirene heulte laut und ausgiebig, so dass wir aus den Betten sprangen und uns in unserer Kleider stürzten. In Eile wurden ein paar Decken zusammengesucht und dann ging es in den Luftschutzkeller, wo schon der größte Teil der Hausbewohner versammelt war. Nicht lan-

[4] Gespräch mit Jörg Utpatel am 4.8.2010 in Bantow (Tonaufnahme/ Niederschrift)

[5] das Datum ist handschriftlich eingetragen, der Brief wurde eher begonnen, nämlich als der erste Bombenangriff vom 23.04.1942 erst 14 Tage zurücklag

[6] schon 1940/41 hatte es Bombenangriffe auf Rostock gegeben; nun griff die britische Royal Air Force in vier Bombennächten vom 23. bis 27. April 1942 an – vor allem die historische Innenstadt; die Petri-, Nikolai- und Jakobikirche, Stein-, Kuh- und Petritor brannten aus, die meisten historischen Giebelhäuser wurden zerstört

ge, so hörte man die Flak schießen, und bald ließen die ersten Flieger ihr Summen vernehmen. Zu Anfang sahen wir die Sache noch gar nicht so ernst an, und viele blieben noch in dem Luftschutzkeller unter dem Treppenhaus. Aber bald merkte man, daß die Engländer einen schweren Angriff planten. Eine schwere Detonation nach der anderen erschütterte unser Haus. Dazwischen krachten die Abschüsse der schweren und der leichten Flak. Um halb 2 Uhr hatte der Alarm begonnen, und fast pausenlos ging der Angriff weiter. Mehrere Male versuchten einige der Männer nach oben zu gehen, um wegen Brandbomben nachzusuchen. Aber sie mußten meistens wieder nach unten kommen, ehe sie auf dem Boden waren, weil keine Ruhepause eintrat. Als es endlich möglich war, ging Johannes mit verschiedenen Männern nach oben. Bei uns war alles in Ordnung, aber in Richtung der Werft brannte es lichterloh, und auch nach dem Bahnhof zu und rings um die Stadt sah man Brände aufflammen.

Da alles aber entfernter von uns war, gingen wir bei Entwarnung gegen halb 5 Uhr wieder nach oben und versuchten noch für kurze Zeit zu schlafen. Am nächsten Tag eilten wir bald durch die Stadt, um uns von den Schäden zu überzeugen. Mancher Schaden war schon erreicht von den Tommies, aber es war im Ganzen noch glimpflich abgegangen. Am zweiten Abend **(24. April)** rechneten wir durchaus nicht mit einer Wiederholung, sondern gingen ganz beruhigt zu Bett. Aber genau um dieselbe Zeit heulten wieder die Sirenen. Diesmal beeilten wir uns noch mehr, in den Luftschutzkeller zu kommen. Schon nach ein paar Minuten war die ganze Luftschutzgemeinschaft vollzählig unten versammelt. Diesmal drängte sich aber alles in dem schmalen Gang zusammen, der zum Mauerdurchbruch führte. Dieser Gang war nur sehr schmal, aber er bot mehr Sicherheit, weil er ein Gewölbe hatte und außerdem die ganzen Stockwerke über ihm lagen. So saßen wir dichtgedrängt auf den schmalen Bänken und sahen mit Sorge den kommenden Stunden entgegen. Viele Kinder waren in unserem Haus. **Ebelings**[7] acht Pensionäre, dann eine Familie mit 3 Kindern, eine andere mit 2 kleinen Kindern, davon das eine erst 3 Wochen alt und noch zwei Familien mit je einem Kind. Es war aber staunenswert wie tapfer alle Kinder waren. Nicht ein Kind weinte, alle waren sie still und vernünftig. Zum großen Teil kam es wohl daher, daß alle Frauen so ruhig waren. Einer der Mieter aus der ersten Etage, **Herr Wegner**, behielt auch in den schlimmsten Augenblicken seinen goldenen Humor und rettete oft durch ein paar Worte die größten Angsthasen vor einem Angstschrei.

So überstanden wir die zweite Angriffsnacht, die eine Steigerung der ersten bedeutete. Nachdem die Flak aufhörte zu schießen, gingen wir gruppenweise nach oben, um vom Dach aus Umschau zu halten. Die **Nikolaikirche** stand in hellen Flammen[8]; Steintor und Steinstraße waren ein Flammenmeer. Auch die Post geriet in Brand. Man konnte bei den Straßen, die ferner lagen, nicht genau feststellen, was brannte; aber man sah doch, daß viel Unglück geschehen war. Mit **Ebelings** standen wir auf ihrem

[7] Hildegard Ebeling, verwitwete Studienrat, mit Tochter („Frl. Ebeling“) und Untermietern (s. Rostocker Adressbuch 1938/40)

[8] Ein anderer Augenzeuge schreibt: „Vom Theater aus sah ich die Nikolaikirche in hellen Flammen stehen ... Ich bog zum Mühlendamm ab. Da fingen ihre Glocken mit dumpfen, brummenden Lauten zu tönen an. Die Hitze hatte sie zum Schwingen gebracht. Ein Sterbegeläut!“ (24./25. April; Hans-Jürgen Levermann in: „Bomben auf Rostock“, S. 39)

Balkon und sahen zu, wie unsere liebe, alte Nikolaikirche brannte und bald ein Raub der Flammen wurde. Es war ein Anblick, der einem ins Herz schnitt. Der Wind trug die Funken bis zu uns, und wir konnten die Wärme der Flammen spüren trotz der Entfernung. An Schlaf mochte niemand denken, trotzdem legten wir drei uns noch aufs Bett, weil wir uns wenigstens etwas durch das Liegen entspannen wollten. Um 6 Uhr wurden bei uns die ersten Obdachlosen gebracht. Es war ein junges Ehepaar aus der Steinstraße, das sich mit knapper Not aus den Flammen gerettet hatte. Die junge Frau erwartete ihr erstes Kind. Sie hatte schon alle Wäsche in die Büttnersche Klinik in der Friedrich-Franz-Straße geschafft, weil sie nicht mehr viel Zeit hatte. Aus ihrem Hause hatten sie fast nichts gerettet. Ich sorgte nur erst mal, dass die junge Frau sich hinlegen konnte. Inzwischen wurden uns noch zwei Damen gebracht, die in der ersten Nacht ihre Wohnung in der St.-Georg-Straße verloren hatten und nun zum zweiten Mal aus der Haedgestraße flüchten mußten. Die armen Menschen taten einem so leid. Wir taten, was wir konnten, um ihnen über die schweren Stunden hinwegzuhelfen. Aber alle wollten nicht bei uns bleiben, weil es ihnen hier zu unsicher war, so mitten in der Stadt. Die junge Frau kam am Abend in die Frauenklinik, da die Büttnische Klinik ebenfalls ein Raub der Flammen geworden war. Der Mann suchte sich in der äußersten Vorstadt eine Unterkunft. Die beiden Damen fuhren ganz aus Rostock heraus, um nicht nochmals in Gefahr zu kommen. So waren wir abends wieder allein. Das war ganz gut, denn wir rechneten stark mit einem neuen Angriff, der auch zur gewohnten Stunde nicht auf sich warten ließ. In der Nacht war unsere Luftschutzgemeinde bedeutend kleiner, da Frau Ebeling ihre Pensionäre nach Hause geschickt hatte und sämtliche Mütter mit Kindern ebenfalls Rostock verlassen hatten. Am Abend hatten wir schon von unseren Sachen das Nötigste eingepackt. Mutters Silber hatte ich zu unters in meinen Koffer gelegt. Sonst waren nur wirklich notwendige Dinge eingepackt worden. Auch Decken hatten wir reichlich unten, um im Ernstfall etwas zum Zudecken bei uns zu haben. In dieser dritten Nacht **(25./26. April)** wurde das Stadttheater durch Brandbomben vernichtet. Im Burgwall, Koßfelderstraße, Gr. Mönchenstraße, Wokrenterstraße entstanden große Brände, ebenso in der Altstadt. Wieder, wie in den beiden ersten Nächten, kam ein sehr starker Wind auf, der den Funkenregen weit forttrug und damit immer mehr Häuser in Brand setzte. An vielen Stellen fielen wieder Sprengbomben ein, so auch in der Breiten Straße, schräg gegenüber von **Lenthes**[9] in das Eckhaus der Langen-Straße und in diesem Haus wieder schräg gegenüber in das Haus von Dieckelmann. Alle benachbarten Häuser litten natürlich viel Schaden, wie ich selbst am anderen Morgen sah, als ich bei Lenthes einguckte. Bei jedem Bombeneinschlag in der Nähe schütterte unser ganzes Haus, daß man oft meinte, es wäre bei uns geschehen. Aber, Gott sei Dank, blieben wir verschont! Es ist wirklich zermürbend, wenn man so dasitzt und jeden Augenblick einen Volltreffer oder eine Brandbombe erwarten kann. Aber wenn man sich zusammenreißt, kommt man auch über diese schweren Stunden hinweg. Als das Schießen der Flak verstummte, eilten wir wieder nach oben, um nachzusehen, ob Brandgefahr sei. Zu unserem Schrecken sahen wir, daß das Haus von Gottschalk brannte. Eile tat not,

[9] Familie des Goldschmieds Lenthe, Breite Str. 17

wenn die Flammen nicht auch für unser Haus gefährlich werden sollten. Alles schleppte Eimer mit Wasser aufs Dach, und die Männer versuchten mit der Handspritze zu löschen. Da es aber von hier nicht möglich war, eilte Johannes zu Gottschalks, um dort zu alarmieren und zu helfen, da dort nur Frau Gottschalk mit dem Mädchen im Hause war. Glücklicherweise gelang es, des Feuers Herr zu werden, und alle atmeten erleichtert auf. Es mußten aber ständig ein oder zwei Personen oben bleiben, um Brandwache zu halten. Die Funken flogen bei dem Ostwind weit, und immer wieder fing die Dachpappe unseres Hauses an, zu glimmen. Gegen halb 7 tauchte **Anneli** [10] bei uns auf, um zu fragen, wie es bei uns aussähe. Sie war mit ihrer Mutter zu **Frl. Schröder** [11] geflüchtet, da es im Burgwall sehr gefährdet war. Aber in der Wokrenterstraße war es auch nicht anders. So ging Trudi mit Anneli hin, **Lisabeth** [12] und Frl. Schröder zu uns zu holen. Die beiden Damen kamen ganz erschöpft bei uns an. Besonders Frl. Schröder war sehr mitgenommen von der Aufregung. In den Zimmern im Flügel waren überall Scheiben entzwei, zum Glück war aber im Eßzimmer kein Fenster zersprungen, so daß wir uns hier aufhalten konnten. Von unserem Bohnenkaffee, den wir uns für Trudi und Adolfs Besuch aufgespart hatten, kochten wir jetzt einen ordentlichen Bohnenkaffee, der uns allen richtig gut tat. Dann lief ich mit Anneli zum Bahnhof, um zu erfahren, wann ein Zug nach Güstrow ging, und von da aus bei Lisabeths Verwandten einzugucken. Züge verkehrten wohl, aber man mußte sich bei der Universität melden zur Beförderung, da nur alte Leute und Mütter mit Kindern zuerst evakuiert werden sollten. So konnten Frl. Schröder mit Lisabeth und Anneli am Nachmittag fort. Trudi und ich brachten sie bis an das Lastauto, das von der Universität abfuhr zum Bahnhof. Natürlich war es brechend voll, und es kostete Mühe, einen Platz für sie zu finden. Als wir zurückkehrten, verabschiedeten sich Ebelings, die von dem Vater eines Pensionärs abgeholt wurden. Auch alle übrigen Bewohner flüchteten, bis auf Wegner und uns drei. Wir hatten uns am Abend wieder marschbereit fertiggemacht und, wie die Nacht vorher, mit reichlich Zeug angetan, auf die Ruhebetten im Eßzimmer gelegt. Zwei größere Koffer hatten wir im Laufe des Tages mit Kleidungsstücken gepackt – Mutters Wäsche aus dem großen Kleiderschrank packten wir im Keller in eine große Kiste und einen Rohrplattenkoffer, damit wir es von dort aus leichter auf die Straße bringen könnten. Um ½ 2 ertönte wieder die Sirene, und vollbepackt ging es in den Keller. Diese vierte Nacht **(26./27. April)** werden wir wohl alle nicht vergessen, da es die schlimmste Nacht war von allen. Unaufhörlich krachten die Einschläge der Bomben, begleitet von dem Gebrüll unserer Flak. Zwischendurch knatterten die Maschinengewehre feindlicher Flieger. Man konnte deutlich hören, wie sie die ganzen Dächer und Fenster bestrichen. In nächster Nähe fielen die Brandbomben, deren Aufschlag mit einem hellen „Klack“ zu uns heruntertönte. Jedesmal sprangen wir auf und fürchteten einen Brand für unser Haus. Aber das Schicksal meinte es gnädig mit uns. Als wir nach Ende des Angriffs das Dach betraten, war um unser Haus ein einziges Flammen-

[10] Anneliese Utpatel, Nichte von Luise; sie wohnte mit ihrer Mutter im Burgwall 35A (der Bruder Gerhard war Soldat)

[11] Frl. A. Schröder (Wokrenter Straße 9); Freundin und ehemalige Nachbarin von Luises Mutter, Charlotte Utpatel

[12] Luises Schwägerin, Elisabeth Utpatel, geb. Rathmann

meer. Brennende Stücke flogen uns um den Kopf. Dazu war ein Qualm, daß man kaum atmen konnte.

Petrikirche und Jakobikirche waren auch in Brand geraten und vermehrten die Glut. Wir versuchten, jeden auf das Dach fallenden Funken zu löschen. Der Wind war für uns günstig, sonst wäre es wohl umsonst gewesen, und noch heute ist es mir wie ein Wunder, daß unser Haus unversehrt geblieben ist. Die Gefahr für unser Haus war sehr groß, so daß wir Order bekamen, das Haus zu verlassen. In aller Eile gingen wir daran, von den Betten zusammenzuschnüren, was schnell erreichbar war. In einen Bettbezug wurde hineingestopft, was hineinging. Alles, was uns sonst noch wichtig dünkte, wurde dazugetan und alles mit Stücken der Wäscheleine umschnürt. Mutters Rollschrank, meine Nähmaschine, verschiedenen Stühle kamen nach unten auf die Verkehrsinsel. Dazu holten wir die Koffer mit Mutters Leinenzeug aus dem Keller. Von der Verkehrsinsel schafften Johannes und Trudi die Sachen unter das Schwaansche Tor, während ich auf die Funken aufpaßte. Von dort aus wurde dann alles auf den Oberwall gebracht, wo wir uns dann auch häuslich niederließen. Immer wieder standen wir aber auf, um nochmals ins Haus zu eilen, wo ja noch so viele Sachen waren, die man gern retten wollte. Johannes holte die Gardinen aus dem Eßzimmer und dem Wohnzimmer, auch die Vorhänge wurden eingepackt. Schließlich konnten wir aber doch nichts mehr rausbringen, weil es zu viel wurde. Die Zeit wollte nun gar nicht hingehen. Um zehn Uhr kam es uns vor, als wenn es schon Abend sein müßte. Wir aßen schließlich etwas Warmes und legten uns auf die Ruhebetten im Eßzimmer, um wenigstens etwas zu ruhen, da es draußen zu kalt war, herumzusitzen. Schlafen konnten wir aber nicht, denn der Qualm drang überall herein, und dazu dröhnten die vielen Motoren, die das Wasser von der Warnow heransaugten. Es war ja in allen Angriffsnächten nicht möglich gewesen, gleich zu löschen, weil in der ersten Nacht schon eine Bombe in die Wasserwerke gefallen war. Es mußte immer erst gewartet werden, bis die Straßen vom Strande rauf frei vom Feuer waren, weil sonst die Schläuche geschädigt wären. Unmengen von Schläuchen gehörten dazu, das Wasser vom Fluß zur Stadt zu pumpen. Wieviel Feuerwehr wirklich eingesetzt war, wissen wir nicht, es war unheimlich viel. Aus Hamburg, Berlin, Sachsen und allen Städten Mecklenburgs. Aus Berlin allein waren schon 60 Löschzüge da. Aber bei dem furchtbaren Wind konnten alle nur wenig ausrichten. Aber wie durch ein Wunder blieb unser Haus verschont. Einen Wagen für unsere Sachen hatten wir nicht bekommen können, um alles aufs Land zu schaffen. Auf dem Wall wollten wir sie nicht stehen lassen, da es für manchen doch wohl eine Versuchung gewesen wäre und außerdem bei neuen Bränden leicht Funken darauf fliegen konnten. Darum machten wir uns daran, alles wieder ins Haus zu schaffen. Herr Wegner hatte einen Schiebwagen ausfindig gemacht, auf den die großen Sachen von ihm und uns geladen wurden. Trudi und ich nahmen von den leichten Sachen mit, soviel wir jedesmal tragen konnten. Johannes und Wegner hatten viermal die Karre hoch beladen zu unserem Hause geschafft, wo alles abgeladen und im Hausflur aufgestapelt wurde. Gegen Abend kam Frau Ebeling mit einem großen Wagen vom Lande, um von ihren Möbeln und Betten einiges mitzunehmen. Sie bot sich freundlicherweise an, auch von uns etwas mitzunehmen. Johannes half, die Sachen auf dem Wagen zu verstauen, während **Frl. Ebeling**[13] die mitgebrachten französischen Gefangenen[14] mit allem runterschickte. Wir waren glücklich, daß Mutters Leinenzeug und die Betten auch in Sicherheit kamen. Zwei große Handkoffer gaben wir auch noch mit, in denen Kleider und Wäsche von Trudi und mir waren und natürlich auch Zeug von Johannes. Auch von Wegner nahm Frau Ebeling allerhand mit. Erleichtert gingen wir nun in unsere Wohnung, wohin Wegner uns folgte, weil es für ihn allein nicht schön war in der großen Wohnung. Trudi und ich sorgten für ein erstklassiges Abendbrot, das wir uns trotz allem gut schmecken ließen, wir fühlten uns dabei direkt nach Argentinien zurückversetzt. Dann holten wir noch die eiserne Bettstelle in das Eßzimmer, damit Wegner auch Platz hatte zum Schlafen und legten uns früh zur Ruhe. Wir hatten nämlich den Plan gefaßt, vor Alarm die Stadt zu verlassen und nach der Rostocker Heide zu wandern, um mal wieder eine Nacht Ruhe zu haben. Um 11 ½ Uhr klingelte unser Wecker, und alle vier sprangen wir eilig auf. Anziehen brauchten wir uns nicht, da wir seit Freitagnacht nicht mehr aus den Kleidern gekommen waren. Wir tranken zusammen eine Flasche Wein, taten aber jeder noch eine ordentliche Portion Zucker in den Wein. Dann nahm jeder von dem bereitgestellten Gepäck und eilte nach unten, wo Wegner 2 Räder bereitgestellt hatte, auf die alles geladen wurde. Und dann ging es bei Mondschein durch die Stadt – oder, besser gesagt, durch ein Ruinenfeld. Stellenweise mußten wir weit über Mauersteine klettern, was mit den Rädern nicht ganz einfach war. Am zerstörten Petri-Tor vorbei, über die Petri-Brücke ging es zum Petri-Damm hinaus. Wir waren schon ein ganzes Ende marschiert, als wir von Lastautos der Wehrmacht überholt wurden, die Munition nach Rostock geschafft hatten und nun leer nach Barth in Pommern zurückfuhren. Die nahmen uns mit bis kurz vor Rövershagen, wo wir unter den Bäumen ein Lager aus Decken aufschlugen. Aber es war doch zu kalt zum Liegen, und bald standen wir wieder auf und spazierten auf der Straße herum, wo sich bald mehr Menschen zu uns gesellten, da Unzählige sich in die Heide geflüchtet hatten. Die Engländer kamen auch in dieser Nacht **(27./28. April)**, aber anscheinend waren es nur Aufklärer, die sich bald wieder verzogen. Wir hörten die Flak schießen, dann war wieder Ruhe, und bald kam Entwarnung. Nun merkte man erst, wie viele in die Heide gewandert waren. Es entstand eine richtige Völkerwanderung. Der eine war zu Fuß, andere per Rad; Wagen, vollbeladen, überholten uns. Familien mit Bollerwagen und Kinderwagen bevölkerten die Wege. Wir stärkten uns vor dem Heimweg an unserem mitgebrachten starken Kaffee und gaben noch sogar davon ab an einige, die sehr ermüdet waren. Aber lang wurde uns der Heimweg! Doch die frische Luft und die Ruhe hatten uns gut getan, und wir meinten alle vier: „Nun gehen wir aber gleich zu Bett, wenn wir zu Hause sind und schlafen gleich bis zum nächsten Alarm!“ Aber mit des Geschickes Mächten ist kein ewiger Bund zu flechten. Zu Hause angekommen, ging es erstmal aufs Dach, um nach dem Rechten zu sehen. Wir waren wirklich gerade zur rechten Zeit gekommen. Ein Gebäudeteil vom Wintergarten, der an den Schuppen der Garzschen Drogenhandlung grenzt, war in Brand geraten. Wenn der Schuppen, in dem

[13] offenbar Tochter der über Utpatels wohnenden Ebelings
[14] vermutlich waren diese Gefangenen auf dem Landgut beschäftigt

Benzin, Öl und viele feuergefährliche Sachen lagerten, Feuer fing, war unser Haus geliefert. Johannes und Wegner versuchten zu löschen, während Trudi auf die Straße lief, um die Feuerwehr zu benachrichtigen. Das Löschen war von unserem Dach aus unmöglich, so mußten wir auf die Feuerwehr hoffen, die aber nicht kam. Nun versuchten auch Johannes und Wegner, die Feuerwehr ranzukriegen. Es verging aber viel kostbare Zeit und inzwischen stieg die Gefahr immer mehr. Endlich, endlich kam Hülfe, aber die armen Kerle froren und waren ermüdet, weil sie bei dreitägiger Arbeit erst einmal Kaffee bekommen hatten und kein warmes Essen. Trudi und ich kochten nun erst mal Kaffee und labten die Leute, die auf unserm Hof waren. Viel zu schnell war der Kaffee alle, denn es stellten sich immer mehr Leute ein, die eine heiße Tasse Kaffee trinken wollten. Es war gut, daß der Kohlenherd in der Küche so gut brannte. Ich stand und kochte immer wieder Kaffee, während Trudi ausschenkte. Die Feuerwehrmänner standen direkt an auf der Treppe bis zum ersten Stock. Wohl an die 200 Mann haben wir gestärkt und auch mit Kaffee für die Feldflaschen versorgt. Dann ging es ans Mittagkochen. Schon um ¼ nach 9 Uhr konnten wir die ersten Teller mit Eintopf austeilen und zwar an 2 Tischen mit je sechs Plätzen. Trudi arbeitete mit einer solchen Geschwindigkeit, daß es einfach stauneswert war. Und ehe die letzte Portion verteilt war, hatten wir einen großen Kessel voll Essen wieder fertig. Die Feuerwehrmänner, es waren alles Berliner, waren so dankbar, daß es uns nur Freude machte und wir keine Müdigkeit mehr fühlten. Zwischendurch kam noch **Agnes Lenthe**, die nach ihrem Haus sehen wollte und ganz zerschlagen war, daß ihr Haus zerstört war. Es muß ja auch schrecklich sein, so alles zu verlieren! Agnes faßte sich aber bald und half uns sogar noch einen Augenblick Kartoffel schälen, wofür wir ihr von unserm Eintopf abgaben. Gegen 2 Uhr hatten die letzten Männer ihren Teller Suppe verzehrt, und nun konnten wir auch etwas essen. Johannes und Wegner hatten beim Löschen geholfen und aßen nun auch gern einen Teller Suppenessen. Gott sei Dank war das Feuer gelöscht, und wir legten uns für ein Weilchen hin. Aber schlafen konnte man nicht vor zu großer Müdigkeit. Wir mußten auch immer wieder aufpassen, ob der Wind das Feuer nicht wieder von Neuem entfachte. Die Nacht **(28./29. April)** blieben wir im Hause, wir wären nicht mehr fähig gewesen, noch einmal rauszuwandern. Natürlich kam wieder Alarm, aber es verlief alles ruhig, ebenso wie die beiden nächsten Nächte. Am Montag fing ein anderes Haus in unserer nächsten Umgebung wieder an zu brennen, und wieder kostete es viel Zeit und Lauferei, bis Johannes und Wegner die Feuerwehr herbeigeholt bekamen. Und auch nachmittags wieder bedrohte der Brand das Haus von Neuem. Unsere Feuerwehrmänner paßten aber für uns auf, um sich erkenntlich zu zeigen. Hatten doch viele in der Nacht bei uns Quartier gefunden, da sie sonst im Freien übernachten mußten. Im Laufe des Mittwochs **(29.4.)** ging es bei uns ein und aus; alle wollten sich gern waschen und rasieren, und wir freuten uns mit ihnen, wenn sie wieder so nett sauber aussahen. Wir hatten ja am eigenen Leibe erfahren, wie es ist, wenn man sich tagelang nicht ausziehen kann. Wir selbst hatten ja bald ebenso schwarz ausgesehen und empfanden es ebenfalls als Wohltat, uns säubern zu können. In unserer Wohnung sah es nun aber doll aus, und es kostete Mühe, allmählich etwas Ordnung zu schaffen. Johannes half uns noch die beiden ersten Tage; wo Fenster entzwei waren, stellte er von den Doppelfenstern vor und nagelte vor die Zwischenräume dickes Papier. Johannes bezog wieder sein Schlafzimmer und Trudi und ich machten es uns im Fremdenzimmer gemütlich. Unser kleines Wohnzimmer war wieder ganz gemütlich. Wir schliefen wieder besser, wenn wir auch noch um die gewohnte Alarmstunde aufwachten. Menschen sah man aber kaum auf der Straße. Am ganzen Hopfenmarkt waren wir tagelang nur 5 Personen, hier in unserem Haus 4 davon. Nach und nach kehrten immer mehr von den geflüchteten Menschen zurück. Aber viele hatten ihr Obdach verloren und oft nur geringe Habe gerettet. Immer wieder sah man Menschen mit Koffern oder Bündeln vorbeigehen. Hausrat stand auf den Straßen, oft in recht demoliertem Zustand, daß es einen jammern konnte. Aber niemand klagte, niemand weinte. Jeder trug sein Schicksal mit Fassung. Acht Tage hatten wir Ruhe und fingen an, die Sachen aus den Koffern zu packen und einzuräumen. Vorne das Eßzimmer machte ich am Freitag gründlich sauber. Wir wollten es uns vorne gemütlich machen, weil durch Sprengen in der Breiten Straße die ganzen Fenster im Flügel zertrümmert waren. Einen einzigen Abend hatten wir es genossen. **In der Nacht vom 8. zum 9. (Mai)** hatten wir wieder einen Angriff zu überstehen, mit dem wir gar nicht mehr gerechnet hatten.

Diesmal fielen in der allernächsten Nähe, nämlich vor dem Ufa-Palast und in dessen Hintergebäude 3 Sprengbomben. Ihr könnt Euch gar nicht vorstellen, was das für eine Erschütterung gab. Wir glaubten schon, in das Hinterhaus sei ein Volltreffer gefallen. Eine dichte Staubwolke drang bis in unseren Luftschutzraum. Dazu ertönte ein Klirren und Krachen, daß man meinte, es wäre im ganzen Haus nichts heil geblieben. Aber es war dann doch nicht so schlimm, wie es schien. Von den Fensterscheiben war allerdings kaum eine einzige heil geblieben. Auch die Glasscheiben in den Türen, Flurtüren und im Lichtschacht waren in tausend Stücke zerbrochen. Und die Scherben bedeckten Treppen, Flur und Zimmer, so daß man über Scherben schritt, wo man ging und stand. Alle Türen, die verschlossen gewesen waren, hatte der Luftdruck aufgebrochen. Die Tür zu meinem Zimmer war sogar aus der Angel gerissen, und sie läßt sich nicht mehr schließen. In der Speisekammer war eine Borte vollkommen ausgeräumt und dabei leider alle Kuchenteller und Kaffeekannen vernichtet, ebenso auch die Butterdosen und noch manche Schale. In einer anderen Borte sind wohl alle Sachen nur hochgeschleudert. Dabei sind die guten Glasschüsseln zerbrochen, während die dickeren Schalen heil geblieben sind. Wir wundern uns nur, daß nicht alles aus den Borten herausgeschleudert wurde, wie oben bei Ebelings, die bedeutend mehr Schaden hatten als wir. **Käthe**[15] kam zu unserer größten Freude am Sonnabend. Sie hatte noch Gelegenheit etwas zu sehen von den Zerstörungen, die angerichtet waren. Aber wir waren froh, daß es überhaupt noch etwas zu kehren und aufzuräumen gab. Käthe half gleich mit gewohnter Umsicht und Tatkraft. Johannes brachte von der Werft Bretter mit, mit denen er im kleinen Wohnzimmer und den beiden Schlafzimmern die Fenster notdürftig verschloß, so daß wir nicht zu sehr frieren brauchten. Hoffentlich bleiben wir nun vorläufig vor neuen Angriffen verschont. Uns genügen jetzt die täglich sich oft wiederholenden Detonationen der Sprengungen, die immer wieder Staub und Schmutz bringen. Die Straßen

[15] Luises Schwester, Diakonisse

bieten ein grausiges Bild mit den zerstörten Häusern und Kirchen. Die Blocks vom Kröpeliner Tor bis zur Breiten Straße sind bis zum Strande völlig zerstört. Am Strande entlang bis zur Petrikirche ein Schutthaufen neben dem anderen. Lagerstraße und alle Straßen derselben Richtung haben viel Schaden erlitten; in der Altstadt sind ebenfalls ganze Straßenzüge vernichtet. Auch in der Steintor-Vorstadt, Bahnhofgegend, Kröpelinertor-Vorstadt sind viele Häuser zerstört. Der Bahnhof hat Schaden gelitten, ist aber wieder in Betrieb. Elektrisches Licht haben wir schon am ersten Mai wieder gehabt, Wasser im Keller ein paar Tage später. Die Gasversorgung ist noch nicht wieder hergestellt. Seit Montag verkehren schon wieder Straßenbahnen nach dem Neuen Friedhof und Marienehe. Ich weiß nicht, ob ich nun alles so ganz richtig geschildert habe. Es war zu vielerlei, was man erlebte. Man wundert sich eigentlich nur, daß man selbst verschont geblieben ist. Unendlich leid tun einem nur immer wieder die armen Menschen, die von dem Unglück betroffen sind.

Wir haben von allen Seiten so viel liebe Briefe bekommen, allerdings die meisten erst in letzter Zeit mit unendlich viel Verspätung. Habt alle vielen, vielen Dank für alle Sorge und Liebe, die so wohltuend waren nach diesen schweren Tagen.

Ottos[16] Besuch am 30sten 4. war uns eine besondere Freude, da wir bis dahin weder Karten noch Briefe bekommen hatten, fühlten wir uns doch recht vereinsamt. Wir empfanden es so wohltuend, daß er aus Sorge um uns herkam. Fürsorglich hatte er noch Eier für uns eingepackt, die uns gute Dienste leisteten. Auch **Grethe**[17] und **Käthe** sorgten in rührender Wiese für uns, trotzdem sie beide mehr als genug zu tun hatten.

Euch allen danken wir nochmals herzlichst und senden die treuesten Grüße Eure

Luise, Johannes und Trudi

[16] Luises Bruder Otto hatte einen Bauernhof in Hermannshof bei Barth (Vorpommern)
[17] Luises Schwester, Diakonisse Margarete Utpatel, arbeitete im Güstrower Schloßkrankenhaus

Der bittere Ernst griff nach uns

Reinhold Heimann

„Krieg!“ – Aus Übungsalarmen war Ernst geworden, die Fliegeralarme häuften sich. Der erste Bombenangriff zerstörte einige Häuser im „Ellernhorst“, einer kleinen Straße beim „Katharinenstift“. Es kostete Menschen das Leben, auch Kindern, so wie auch ich eines war. Zum ersten Mal sah ich ein zerstörtes Haus. Bald sollten es mehr davon sein.

Bis dahin überschlugen sich die Zeitungen in Erfolgsmeldungen über die Zerstörung englischer Städte. Die beginnenden Gegenschläge wurden als Unvermögen der „Briten“ bagatellisiert. Im Volksmund hieß es, die feindlichen Flieger würden Rostock nicht finden, es läge zu tief im Nebel.

Dann hörten wir von den schlimmen Bombenangriffen auf die Stadt Lübeck im März 1942 und die Leute wurden sehr ernst und nachdenklich. Für uns begannen die Schreckensnächte in der Nacht vom 23. zum 24. April 1942, und in vier aufeinanderfolgenden Nächten sank das alte Rostock dahin.

Gegen ein Uhr nachts heulten die Sirenen. Wir Kinder wurden von den Eltern geweckt und angezogen, dann saßen wir im fensterlosen Alkoven. Kurz darauf begann die Flak zu schießen und es pfiffen auch schon die ersten Bomben herunter. Unsere Eltern deckten uns mit ihren Körpern, aber die Einschläge lagen weiter ab. Entwarnung! Draußen war der Himmel rot vom Feuerschein. Im Patriotischen Weg brannte es, unter anderem auch die Korbfabrik Falk. Vater sagte, dieses wäre der letzte Alarm gewesen, bei dem er uns ungeschützt in der Wohnung gelassen hätte. Das nächste Mal müssten wir in den Luftschutzbunker.

Pünktlich in der darauffolgenden Nacht gegen ein Uhr kam wieder Alarm. Mutter lief mit uns Kindern in den Bunker zwischen Kanonsberg und Haedgestraße. Der Bunker war ein tunnelförmiges Betongebilde, welches mit Erde abgedeckt war. Es kamen die ersten Bombeneinschläge, wellenförmig schaukelte der Bunker. Dann ein ungeheurer Einschlag. Es war, als würde der Bunker aus der Erde gehoben. Waren wir selber getroffen? Panik entstand. Die Leute stürzten zu den Ausgängen und verstopften diese rettungslos. Aber irgendwie wurde die Panik besiegt. „Alle Männer raus zum Helfen“ hieß es. Da sah ich in unserer Nähe, wie sich gesunde Männer hinter ihren Frauen verkrochen. Rauch schlug von außen in die Luftstutzen und wir mussten die Bunkerräume verlassen. Ringsum brannte es, Häuser in der Haedgestraße, Neue Werderstraße, Am Strande und in der Lastadie bis hin in die Altstadt. Lager und Speicher und auch die Nikolaikirche brannten.

Bei uns zu Hause war noch alles heil. Am Nachmittag dieses Sonnabends ging Vater mit mir zum Strande, um einen Teil dieser Schäden aus der Nacht zu betrachten. In das Häusergeviert Zochstraße, Haedgestraße, Neue Werderstraße, Am Strande waren eine Luftmine und Sprengbomben niedergegangen. Das waren die Detonationen, die wir in der Nacht so stark erlebt hatten. In einem Keller fanden wir Blut an den Wänden, hier hatte es wohl Menschen getroffen. Am Kohlenkai beim Haedgehafen war eine Bombe genau zwischen einem Boot der Kriegsmarine und der Kaianlage niedergegangen. Das Boot lag schräg im Wasser mit einem großen Loch in der Bordwand, hier sollen Marinesoldaten ums Leben gekommen sein.

Überall am Strande auf freien Plätzen standen „Ausgebombte“ (ein neues Wort in jener Zeit) mit ihrer geretteten Habe. Für Kinder in meinem damaligen Alter war das fürchterlich spannend. Doch dann griff der bittere Ernst auch nach uns.

Vater befahl uns, bei nochmaligem Alarm in den für bombensicher geltenden „Jakobibunker“, dem Hochbunker an der Jakobikirche zu gehen. Aber als wir in der darauffolgenden Nacht bei Alarm losliefen, schoss die Flak schon so stark, dass wir in unserem „Vorderhaus“ bleiben wollten. Meine Schwester bestand aber auf Vaters Weisung und so liefen wir los, hörten aber schon am Bussebart angekommen, der Jakobibunker sei überfüllt. So blieb uns der Bunker zwischen Grünem Tor und Kröpeliner Tor auf dem kleinen Wall (auch ein Betonröhrenbunker mit Erdabdeckung) als Zufluchtsstätte. Kaum erreicht, fielen auch schon die ersten Bomben und mit den wellenartigen Erdbewegungen wurden wir hin- und hergeschüttelt. Dann gingen die ersten Unglücksmeldungen ein: „Die Baustraße brennt, Bussebart, Kuhstraße, Himmelfahrtstraße, Fischerstraße brennen.“

Man begann die vorderen Abteilungen des Bunkers für Verwundete zu räumen und wir wurden immer mehr in die Mitte des Bunkers gedrängt. Der Alarm war längst beendet, aber uns wurde gesagt, draußen wäre ein Feuermeer und wir seien so am besten aufgehoben. Immer wieder versuchte ich zum Ausgang zu gelangen, in der Hoffnung, etwas über Vater zu erfahren. Da wurde ein Spielkamerad von mir, auch aus unserem Hause, an mir vorbeigetragen. Er hatte die Augen voller Sand und Glasstaub und konnte nichts sehen. Er wusste auch noch nicht, dass seine Mutter neben ihm von einer Bombe zerrissen worden war. Vater erzählte uns später, dass er versucht hatte die verblutende Frau einer Rettungsstelle zuzuführen, aber dort in dem Keller der Turnhalle der Augustenschule war auch eine Sprengbombe eingeschlagen und hatte alles vernichtet, auch die Ärzte, die sich um das Leben der Verletzten mühten. So war alle Hilfe umsonst.

Immer mehr Schreckensnachrichten häuften sich und immer die eigene Ungewissheit: „Was ist mit Vater, was mit unserer Wohnung?“ Dann am Morgen fand Vater uns. Doch wie sah er aus! Die Haare abgebrannt, blutig und zerschunden und von vielem Leid und unvorstellbarer Angst hart gezeichnet. Stundenlang hatte er nach uns gesucht. Unter den sechs Toten in unserem Vorderhaus waren wir nicht, zum Jakobibunker kam er wegen der brennenden Häuser in den engen Straßen nicht durch, auch die Jakobikirche war unterdessen eine lodernde Fackel. Im Wallbunker waren seine Ausrufe von Abteilung zu Abteilung stecken geblieben. Als wir den Bunker verließen, war es heller Tag und doch wieder nicht, über der Stadt lag ein Feuersturm, der sich bis in den Himmel zu strecken schien.

An der Trinkbude vor dem Grünen Tor (Wer kennt sie noch, diese mit gedrechselten Verzierungen versehenen Holzbuden, in denen es „köstliche Brause“ gab?) fanden wir dann meine Großmutter mit einem Teil ihrer Möbel und anderen Habseligkeiten. Bei ihr waren jetzt ihre beiden anderen Söhnen Bernhard und Walter, Vaters jüngere Brüder. Uns offenbarte sich eine ganze Familientragik: Meine Großmutter wohnte mit ihrem Sohn Bernhard noch in der Himmelfahrtstraße. Bernhard gelang es, noch einen Teil der Sachen seiner Mutter, unter anderem ein Vertiko, durch die brennende Straße und zum Teil über die Stadtmauer zum Wall zu bringen, dann ging auch diese Wohnung in Flammen auf. Mein Vater, der in unserer Wohnung in der Fischerstraße geblieben war, wurde im Bombenhagel selbst Spielball der Druckwellen, hatte Verwundete getragen und Verschüttete geborgen und dann die Suche nach uns aufgenommen. Wieder bei unserer Wohnung angelangt, schlugen schon helle Flammen aus Türen und Fenstern und so blieb uns nichts als das, was wir auf unserem Leib trugen. Der jüngste Bruder meines Vaters, mein Onkel Walter, war als Flaksoldat während des Alarms mit seiner Einheit auf dem Rostocker Hauptbahnhof angekommen und erhielt die Erlaubnis, nach seiner Frau und seinen damals drei Kindern am Burgwall zu sehen. Dort angekommen, fand er nur rauchende Trümmer, von seiner Familie keine Spur (sie war schon als Ausgebombte der zweiten Nacht aus Rostock evakuiert worden), bei seinem ältesten Bruder fand er nur das brennende Haus und Tote, bei seiner Mutter ebenfalls eine brennende Wohnung und nirgends jemanden aus unserer Familie. Dann aber entdeckte er an der besagten Trinkbude seine Mutter und seine Brüder. Wir wurden im Mahn und Ohlerichs Keller in gleichnamiger Brauerei untergebracht. Am Nachmittag wurden wir ohne den Vater aus Rostock evakuiert. Auf dem Hauptbahnhof, wo das Hauptgebäude ebenfalls abgebrannt war, wurden wir verladen. Ausgeladen wurden wir in Schwaan. Dort standen mit Stroh ausgepolsterte Pferdewagen bereit. Man brachte uns auf das Gut Klein Sprenz bei Hohen Sprenz. Die gesamte Dorfbevölkerung, Landarbeiter des Gutes, nahm Anteil an unserem Geschick und wir wurden liebevoll umsorgt, erhielten Essen und Trinken sowie Unterkunft. In den nächsten Tagen wurden Gutswagen angespannt, die Nahrungsmittel und sogar Trinkwasser in das zerstörte Rostock brachten.

Doch zunächst kam für uns die erste Nacht in der Fremde und wir Kinder wurden wach vom Weinen von Mutter und Großmutter. Durch die Fenster erblickte man in Richtung Rostock eine feurige Lohe am Himmel, zwischendurch sah man hellleuchtende neue Feuertürme aufsteigen, es waren die Bombeneinschläge der vierten Aprilbombennacht. Viele andere sollten in den Jahren bis Kriegsende noch folgen. Jetzt hatte das Inferno des Krieges begonnen nach uns zu greifen. Unser schönes Rostock wurde zu einer Trümmerwüste.

Je heftiger die Flak schoss, desto sicherer fühlte ich mich

Niels Hoffgaard

Rostock hatte „vorgesorgt": Es gab zwar zahlreiche Schutzräume, Splittergräben, Stollen und Bunker, die die Bevölkerung vor feindlichen Luftangriffen schützen sollten, doch reichten sie in Wahrheit nicht annähernd aus. Trotzdem galt die Seestadt besser geschützt als zahlreiche andere deutsche Städte.

Von all den Schutzmöglichkeiten, die die Stadt an der Warnow zu bieten hatte, lernte ich bei Fliegeralarm als Zehn- bis Dreizehnjähriger neben unserem abgesteiften Hauskeller in der Gertrudenstraße 1/2 auch den Jakobi-Bunker, den Gustloff-Bunker am heutigen Thomas-Müntzer-Platz, die Bunker am Parkbahnhof und Hauptbahnhof, den Schröderstollen in den Wallanlagen sowie die Schutzräume des Wehrmachtslazaretts (ehemals Gewerbeschule) in der Parkstraße kennen, wo mein Vater als Stabsarzt der Reserve Dienst hatte. Da jedoch die Schutzräume des Lazaretts alle über der Erde lagen und von außen nur durch Sandwälle vor den Fenstern geschützt waren, war das nicht so „mein Ding", und auch die finsteren und engen Stollen in den Wallanlagen flößten mir mehr Furcht als Sicherheit ein.

So fühlte ich mich geborgen in unserem abgesteiften Hauskeller in der Gertrudenstraße, der sich ausgerechnet im Heizkeller mit vielen dicken Rohren und „in Gesellschaft" von einem Berg Holz, Koks und Briketts befand. Dort gab es für die Hausbewohner zwei Doppelstockbetten für Kinder, Alte oder Kranke, und nachts brachte man sich meist Tee, Kaffee oder mal ein Stück Kuchen mit. Und wenn es auch komisch klingt: Je heftiger die Flakabwehr ballerte, desto sicherer fühlte ich mich, was sich mit der Zunahme und Intensität der Luftangriffe aber schon bald ins krasse Gegenteil wandeln sollte.

Bei einem der Angriffe (bei welchem, weiß ich heute nicht mehr) knallte, klirrte und schepperte es dann so entsetzlich, dass die Frauen – und ich natürlich auch – im Keller kreischten: „Hilfe, jetzt ist das Haus eingestürzt; wir sind verschüttet und kommen nicht mehr raus!" Die wenigen noch anwesenden Männer hatten alle Mühe, eine Panik zu verhindern. Mein Vater versuchte vorsichtig, die Kellertür zu öffnen. Nichts. Es ging ganz leicht. Also tastete er sich mutig die Treppe zum Hausflur hoch und öffnete dort mühelos eine weitere Tür. Nichts. Im Haus schien alles unversehrt. Nun ging's rasch nach draußen vor die Haustür, wo sich das Knallen, Klirren und Scheppern schlagartig aufklärte: Die großen Schaufenster der Reinigung/Färberei, des Konsums und von Möbel Behrmann hatten sich in einen glitzernden Scherbenhaufen verwandelt...

Als in der dritten Bombennacht 1942 die Medizinische Klinik am Gertrudenplatz ausbrannte und die Tischlerei links neben meinem Elternaus in der Gertrudenstraße 1/2 sowie rechts die Gaststätte „Weißes Roß" nebst Roßschlächterei in Flammen standen, musste unser so genannter „Selbstschutztrupp" unser Teerdach vor dem immensen Funkenflug schützen. Dabei schleppte auch ich als Zehnjähriger von der Waschküche Eimer mit Wasser zum Dachboden, wo eine steile Leiter durch eine Luke den

Weg aufs Dach wies. Heute weiß ich nicht mehr, wie viele Wassereimer ich geschleppt hatte, aber „Onkel" Behrmann (wie er bei uns im „Volksmund" hieß) klopfte mir anerkennend auf die Schultern und lobte: „Du bist ein ganz tapferer Junge und bekommst bestimmt das Kriegsverdienstkreuz!" Das habe ich zwar bis heute noch nicht erhalten, aber das Lob vervielfachte natürlich meine Wasserträgerqualitäten und trug mit dazu bei, dass das Dach kein Feuer fing...

Doch wo Bomben vom Himmel fielen und ganze Stadtviertel in Schutt und Asche sanken, durfte nach dem Willen der Nazis die Kultur keineswegs zu kurz kommen. Und so ging auch ich als Zehn- und später Elf- bis Dreizehnjähriger gern ins Kino. So schrieb mir meine Großmutter im Oktober 1942 sogar einen Entschuldigungszettel fürs Gymnasium – wegen „Unwohlsein und Nasenbluten" – und ging dann mit mir in den Ufa-Palast (heute Capitol), wo es „...reitet für Deutschland" mit Willy Birgel gab; ein Film, den ich als Schuljunge insgesamt achtmal gesehen hatte, aber siebenmal, ohne zu schwänzen.

Zu einem späteren Zeitpunkt landete ich dann im Hansa-Theater einen wahren „Glückstreffer": Es gab „Wir machen Musik" mit Ilse Werner und Victor de Kowa. Dann passierte es: Etwa zwanzig Minuten vor Schluss des schwungvollen Films meldete eine Lautsprecherstimme: „Verlassen Sie bitte sofort die Vorstellung! Es ist Voralarm!! Ihre Eintrittskarten behalten aber ihre volle Gültigkeit für morgen zur gleichen Zeit!" Noch bis zum Vollalarm schaffte ich es im Dauerlauf bis nach Hause und pfiff anderntags noch mal umsonst mit Ilse Werner „Wir machen Musik" – diesmal ganz ohne Fliegeralarm...

Vor mir liegt ein Brief von Annemarie Francke, meiner Schwiegermutter, der die Schrecken der Angriffe gleich danach sehr anschaulich beschreibt.

Der Brief von Annemarie (Ami) Francke, geb. Lippold, wurde in Goslar, Hotel „Hamburger Hof", geschrieben, wo sie mit ihren Kindern Bubi (Hans-Robert, fünf Jahre) und Mausi (Gudrun, zwei Jahre) wegen der Luftangriffe auf Rostock „gelandet" war.

Der Brief war an ihren Mann, Rechtsanwalt Rudolf Francke, gerichtet, damals stationiert in Stolpmünde, einer Hafenstadt an der Ostsee in Hinterpommern und nunmehr polnisch unter dem Namen Ustka.

Das ausgebombte Haus befand sich in der Rostocker Friedrich-Franz-Straße 74 (heute August-Bebel-Straße) und gehörte der Mutter der Briefschreiberin, Margarete Lippold, deren Mann Hans als Leutnant im Ersten Weltkrieg in den letzten Kriegstagen als Kriegsgefangener in einem Lager aus einem Flugzeug heraus schwer verwundet wurde und kurz darauf in einem Lazarett in Landres in den Vogesen verstarb. Margarete hatte zwei Töchter, die Briefschreiberin Annemarie und Leni, die mit Dr. med. Hoffgaard befreundet war, sowie eine Schwester Anni, die ihren Wohnsitz in der Zelckstraße 18 hatte.

Goslar, d. 29. 4. 42

Mein geliebter Rudi,

nun sind wir endlich einigermaßen zur Ruhe gekommen, und ich will versuchen, Dir ein ungefähres Bild von den durchlebten entsetzlichen Tagen in Rostock zu geben. Es ist so unendlich schwer, sein schönes Heim mit einem Schlage verloren zu haben, alle lieben Erinnerungen und Andenken, alles ist zum Opfer gefallen. Mit einem Kleid und Mantel und einer Wäschegarnitur sitze ich da, ebenso die Kinder und Mutti. Leni und Tante Anni haben vielleicht noch ein Stück mehr. In der Nacht zum Freitag (24. April) kam der erste schwere Angriff, dem die ganze Wächterstraße und andere Straßen in der Bahnhofsnähe zum Opfer fielen.

Die Nacht zum Sonnabend war so furchtbar, in Worte kann ich es gar nicht fassen, man ist nur immer wieder dankbar, daß man die süßen, unschuldigen Kinder und sich selbst retten konnte. Um 1 Uhr 30 kam Alarm, und wir gingen sofort in den Keller und zogen uns unten weiter an. Wir waren so froh, daß wir unseren Untermieter Jacobs zum Beistand hatten. Unaufhörlich in Wellen prasselten die Bomben hernieder und erschütterten unser ganzes Haus. Die Türen flogen vom Luftdruck auf, und die Verdunklungen rissen ab. Mit einem Mal ein furchtbarer Knall, wir fuhren alle in die Höhe, und heller Feuerschein schien in unseren Luftschutzkeller. Mein Herz schlug vor Angst, es war nicht mehr zum Aushalten, und die armen Kinder schrien, daß man nichts mehr hören konnte. Die Männer aus unserem Keller sahen nach draußen, die ganze Seite vis a vis, vom Grünen Weg angefangen, bis weit hinter Quades, standen etwa zwölf Häuser in hellen Flammen, ebenso unser zweites Nachbarhaus von Diederichs, während bei Scherffs die Veranda in hellen Flammen stand, deren Lichtschein in unseren Keller fiel. Das Feuer breitete sich immer mehr aus, und der Angriff und die Schießerei gingen unaufhörlich weiter. Unser Haus drohte auch, Feuer zu fangen. Bubi (Sohn Hans-Robert) schrie und wollte nicht aus dem Keller, denn unser Torweg war nämlich rotleuchtend hell von den brennenden Häusern gegenüber. Mutti, Mutti, rief Bubi immer wieder, ich bin doch artig, Mutti, Mutti! Schwester Klein-Gudrun schwamm, so naß war sie vor Angst, und unsere Lippen und Kehlen waren ausgedorrt!! Nun stand auch schon Scherffs Haus in Flammen, denn der starke Wind trug die Funken zu uns herüber.

Nun mussten wir aus dem Keller. Ich setzte Gudrun in den Wagen, nahm meine beiden Taschen, Leni fasste Bubi an, und so eilten wir über die Straße in furchtbarer Glut von den vielen Bränden, Funken, Rauch und Qualm – unheimlich das laute Knacken und Knistern. Ich war kurz vor dem Umfallen und rief Leni, die mit Bubi schon voraus war. Mutti war weit hinter mir. Jeder hatte vollauf mit sich zu tun, durch alle Scherben usw. hindurchzukommen. Da kam mir ein Mann von der Hilfsmannschaft zu Hilfe, denn ich konnte nicht mehr, da der Wagen so schwer über alles Gerümpel fuhr – und dann die Angst dazu. Wir strebten in Zeecks Keller, denn so weit konnte sich das Feuer nicht ausdehnen. Dort wurden wir mit großer Freundlichkeit aufgenommen. Herr Zeeck bemühte sich rührend um uns, ebenso Frau Zeeck. Wir durften uns im Herrenzimmer ausruhen, durch das Fenster sah man den hellen Feuerschein; es war unendlich traurig mitanzusehen, wie alles ein Raub der Flammen wurde.

Gas, Strom und Wasser versagten. Keine Feuerwehr konnte den Brand bekämpfen, obgleich von vielen Städten, ja aus ganz Mecklenburg, die Feuerwehren herangeholt wurden. Mitten in der Nacht kam Dr. Hoffgaard, um nach uns zu sehen und fand uns nach Herumfragen bei Zeecks. Im Luftschutzkeller bei Zeecks lagen in den Betten die Wöchnerinnen aus der Büttnerischen und Stüdemannschen Klinik, die in Flammen standen oder in Brand zu geraten drohten. Morgens, als es hell war, und Leni und Dr. Hoffgaard sich nach unserem Haus umgesehen und festgestellt hatten, daß es noch stand, zogen wir dort wieder ein. Aber wie sah es aus! Die Treppen hinunter lief Wasser, denn vom Dach aus wurde der Brand von Scherffs Haus ferngehalten, doch die angrenzenden Zimmer mussten geräumt werden. Alles wurde durch die Fenster in den Garten befördert – ein unheimliches Durcheinander. Jacobs hatte sich beim Brandbombenlöschen und Ausräumen fabelhaft verdient gemacht, und Leni hat bei allem so tapfer geholfen. Ich musste ja bei den Kindern bleiben, die ihrer Aufregung gar nicht wieder Herr werden konnten. Mein Zimmer und Muttis und Lenis Schlafzimmer waren nun vollkommen leer. Im Badezimmer waren die Scheiben kaputt, und ich wusste gar nicht, wo ich meine Sachen wieder suchen sollte. Alle Betten lagen hinter dem Nussbaum, ebenso alle Mäntel, Kleider usw. aus den Schränken. Wie waren wir glücklich, daß unser Haus noch stand und räumten mit Eifer alles wieder in die Wohnung, ließen aber die beiden hinteren Zimmer neben Scherffs noch leer, weil die Wände vom Brand noch ganz heiß waren. Am Fenster konnte man kaum stehen, denn die Scheiben drohten von der unheimlichen Hitze der brennenden Nachbarhäuser zu zerspringen.

Wir hielten uns im vollgestellten Esszimmer auf, ich legte die Kinder zum Schlafen, aber sie fanden keine Ruhe. Entwarnung konnte nachts nicht gegeben werden, da wohl auch alle Sirenen ausgefallen waren. In ganz Rostock unheimliche Brände. Wir hielten es kaum für möglich, daß noch ein Angriff wieder kommen konnte. Ich schickte Dir mittags ein Telegramm, bekamst Du es, Rudi? Wir konnten kein Mittag essen, es brannte kein Gas und gab weder Strom noch Wasser. In keiner Gaststätte gab es nach 12 Uhr noch etwas. Es herrschte ein namenloses Leid und Elend in Rostock. Unendlich viele Menschen irrten obdachlos mit den nötigsten Sachen umher.

Die nächste Nacht gingen wir zu Tante Anni. Frau Paetow war mit ihren Kleinen schon nach Bützow gefahren, es sollten nämlich alle Mütter mit kleinen Kindern Rostock verlassen, doch das erfuhr ich zu spät. Mit Zittern und Zagen und unausgekleidet legte ich mich abends nach 23 Uhr erst hin, und um 1 Uhr 30 kam dann wieder der entsetzliche Alarm. Diese Nacht übertraf an Schaurigkeit alles bisher Erlebte! Immer wieder kommen einem die Tränen, wenn man daran denkt. Wieder prasselten die Bomben unaufhörlich auf unser geliebtes, schönes Rostock hernieder. Das ganze Haus erschütterte erneut!! Und wieder kam ein lauter Knall in allernächster Nähe. Wieder hieß es: Alle raus aus dem Keller. Unsere Kräfte versagten beinahe. Ich drückte die Kinder an mich vor lauter Angst. Die armen Würmer weinten so. Wir schleppten uns mühsam mit den nötigsten Sachen die Kellertreppen rauf. Immer wieder unheimliche Erschütterungen, Scheiben klirrten, unaufhörlich fielen in nächster Nähe Bomben. Wir nahmen alle Kräfte zusammen. Tante Annis Außenflur lag voller Scherben. Immer wieder schoß der Feind mit Bordwaffen und warf Bomben ab. Draußen stand wieder alles in hellen Flammen. Unsere Lippen und Kehlen waren richtig verkrustet, und noch heute haben wir alle Narben an den Lippen von der heißen, qualmigen Luft und den vielen, vielen Funken, die sich überall hinsetzten. Ganz versengt roch alles bei uns. Wir suchten das nächste Haus, das noch nicht brannte, mussten aber gleich wieder raus, denn der Keller war bereits geräumt. Im nächsten Haus hielt man uns dann den Keller zu – überfüllt, hieß es!! Die arme, kleine, süße Mausi konnte nicht so schnell. Um sie zu retten, musste ich sie richtig hinter mir her zerren, denn zum Tragen ist sie schon zu schwer, und ich musste doch wenigstens auch die paar Wertsachen mitnehmen. Dann saßen wir glücklich in einem fremden Keller, der aber überfüllt war, so daß wir durch den Mauerdurchbruch in den Nachbarkeller mussten, wo wir erschöpft auf einen Platz sanken. Es wurde immer noch geschossen. Wie wir das alles leisten konnten, ist uns heute unverständlich, aber in solcher Angst kann man Unmenschliches!!

Lange aber dauerte auch hier nicht die Ruhe, der Brand dehnte sich immer mehr aus, es war übrigens im Keller bei Kothes Schwiegermutter. Die Leute waren so nett zu uns. Es bestand die große Gefahr, daß der Brand der Nachbarhäuser übergriff. So eilten wir wieder über die Straße und landeten schließlich bei Dr. Melchert in der Bismarckstraße, ein mühsamer Weg über Schutt, Asche und sogar Blindgänger, wie wir später erfuhren. Bei Melcherts blieben wir den ganzen Tag, man aß wieder nur ganz notdürftig Keks, Tee und trank Kaffee. Es gab ja weder Gas, noch Wasser oder Elektrizität. Der Bahnhof stand schon nachts in hellen Flammen, und Richtung Tonhalle war ein Riesenbrand, der schnell um sich griff. Ganz Rostock ein einziges Flammenmeer! Was die Zeitungen darüber bringen, ist lächerlich!!! Man sollte die Wahrheit bringen, damit man endlich zur Ruhe kommt! Alle sagten: Auf keinen Fall noch eine Nacht in Rostock!!

Dr. Hoffgaard kam wieder morgens, um nach uns zu sehen. Nun konnte auch unser schönes, festes, stabiles Haus nicht mehr standhalten, es schlug in derselben Nacht eine Sprengbombe bis zur Waschküche durch. Schmidts konnten nur noch das nackte Leben retten und verbrachten den Rest der Nacht auf dem Unterwall. Scherffs, die in der Nacht zuvor ihr Haus opfern mussten, waren in der Augustenschule, wo Dr. Scherff unter den Trümmern begraben und Waltraut gegen die Wand gequetscht wurde – beide tot! Welch namenloses Leid brachten diese Nächte!!

Und dann kam noch ein Angriff in der nächsten Nacht, die wir ja in Kröpelin verbrachten, wo zwar kein Fliegeralarm gegeben wurde, aber die Schießerei zu hören war, da es an der Anflugstrecke liegt. Wir waren von 1 Uhr 30 bis 3 Uhr 30 unten in der Diele, denn Luftschutzkeller gibt es in Kröpelin nicht. Unaufhörlich brausten die Flugzeuge in Wellen zum Angriff auf Rostock. Ganz furchtbar war das mit anzuhören. Morgens um 6 Uhr fuhren wir dann in Richtung Harz. Die Kinder waren in diesen Ta-

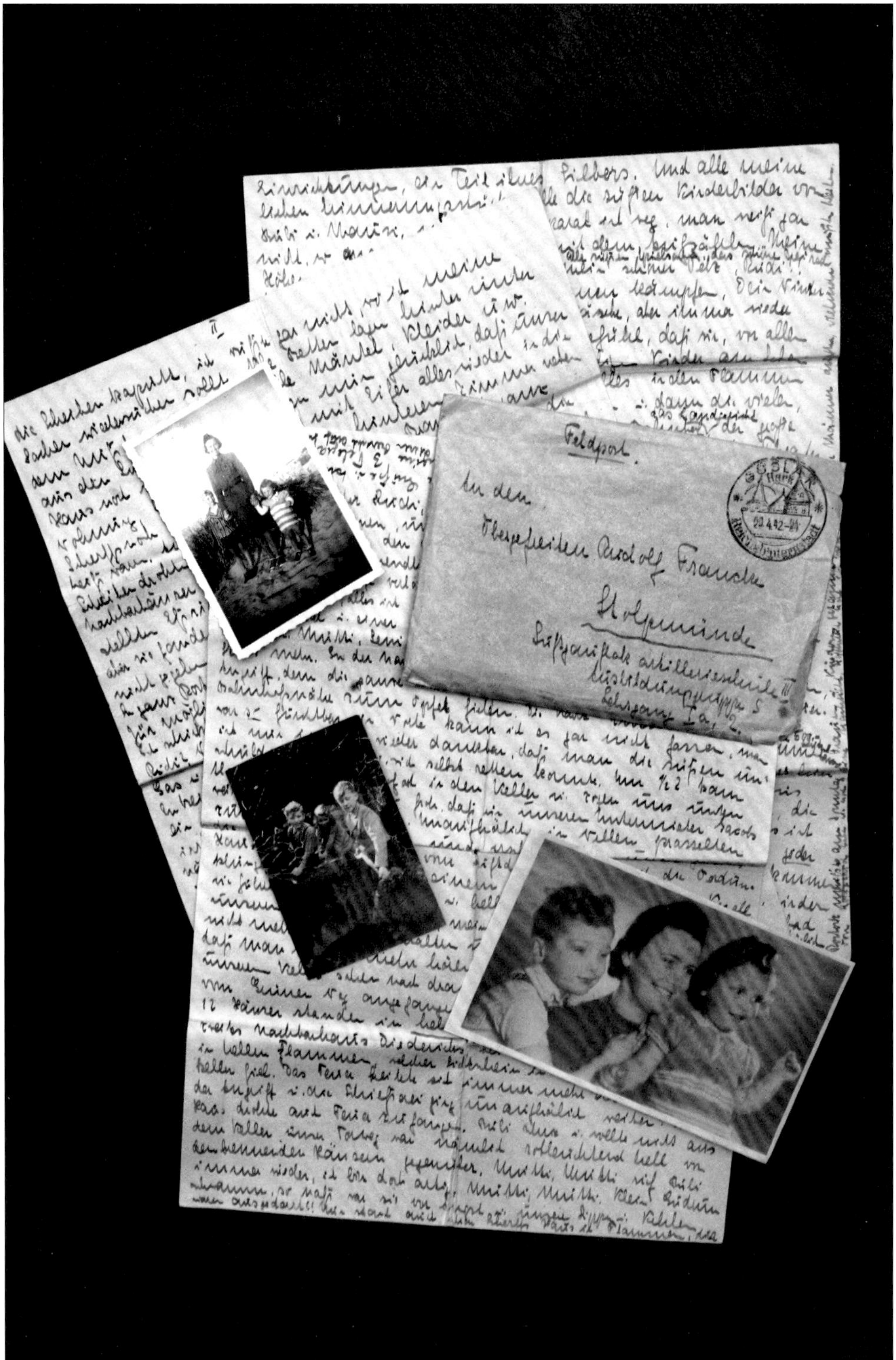

Briefumschlag, Brief und Kinderfotos...

gen richtige kleine Helden!! So tapfer haben sie sich benommen. Und Gudruns Keuchhusten ist nun erst richtig zum Ausbruch gekommen. Ganz schreckliche Anfälle bekam sie immer. Hier im Harz hat es sich schon etwas gebessert. Rudi, kannst Du es fassen, daß Du niemals wieder unser Haus in Rostock betreten sollst!!? Es ist völlig ausgebrannt, man guckt von der Straße aus bis zum Garten durch. Es ist unsagbar traurig!! Besonders für Mutti, im Ersten Weltkrieg verlor sie Pappi, manche Kämpfe musste Mutti sicher bestehen, um durch die schwersten Zeiten ihren Kindern das Haus zu erhalten, und nun ist ihr mit einem Schlag alles genommen!!! Die ganzen Einrichtungen, ein Teil ihres Silbers und alle meine lieben Erinnerungsstücke! Alle die süßen Kinderbilder von Bubi und Mausi, und auch mein Fotoapparat ist weg. Man weiß gar nicht, wo man mit dem Aufzählen anfangen soll. Meine Höhensonne, alle meine Kleider, mein schöner Pelz, alle süßen Spielsachen, das schöne Dreirad – Rudi!! Immer wieder muß man mit den Tränen kämpfen. Dein Wintermantel, zwei Anzüge von Dir, Deine Wäsche, und dennoch siegt dann mein Dankbarkeitsgefühl, daß wir, vor allem aber auch die armen, unschuldigen Kinder, am Leben geblieben sind. Hör nur mal, was alles in den Flammen umgekommen ist an großen Gebäuden und dann die vielen, vielen Privathäuser: Der ganze Bahnhof, das Landgericht, der große Häuserblock von Julius Hahn beim Reifergraben, das Theater, das Steintor, das Ständehaus, das Rathaus, die Nikolaikirche, die Marienkirche, die Universität, Zeeck, Wertheim, das Krankenhaus, die Frauenklinik, die katholische Kirche, M&O, draußen das Klinikviertel und die ganze Altstadt sollen ein Trümmerhaufen sein. In der Friedrich-Franz-Straße ist kaum ein Haus heilgeblieben, so war es schon, als wir abfuhren. Und was ist noch alles zerstört worden in der letzten 4. Nacht!! Die Zeitungen bringen es ja nicht. Ich weiß nicht, ob die Sparkasse noch steht, wir haben etwa 15.000 Reichsmark dort!! Die Depositenbank in Rostock ist abgebrannt. Ich werde vorläufig keine Steuern bezahlen, bis meine verlorenen Werte ersetzt sind. Ich habe auch die Steuerzettel beim Brand verloren, habe kein Scheckheft und kein Überweisungsheft, alle Bankauszüge sind vernichtet. Ich habe mir heute durch unsere Schweriner Bank erst mal 600 Reichsmark überweisen lassen. Zunächst sind wir hier in Goslar von der N. S. V. untergebracht – sehr gut im Hotel!! Rudi, kannst Du nicht nach dem Kursus einige Tage Urlaub bekommen? Es gibt so viele Fragen, die Du uns beantworten helfen könntest! Von Halle aus ist es doch gar nicht weit. Ich wollte erst nach Schwerin, aber jeder riet uns ab, es heißt ja immer: Schwerin und Wismar kommen auch noch dran, und solche Nächte können wir mit den Kindern nicht noch einmal erleben!! Wir wollen erst mal alles in dem kleinen Harzbad abwarten. Wir hatten auch freie Reise hierher. Tagtäglich entbehrt man Sachen. Nachts liegen wir immer noch angstvoll im Bett. Letzte Nacht wachte ich schweißnaß auf . Ich träumte wieder von Feuer und Bomben. Rostock musste am Sonntag von Frauen und Kindern geräumt werden. Nur die Männer mussten bleiben. Von Dr. Hoffgaard habe ich noch keine Nachricht.

Hoffentlich höre ich auch von Dir. Heb bitte diesen Brief für später für die Kinder auf. Hast Du meine drei Telegramme bekommen?

Innigste Grüße und Küsse, Deine Ami

Rostock von Südosten nach den Angriffen Hei

Ruinen bestimmen bis auf wenige Ausnahmen Ende April 1942 das Bild der Langen Straße und ihres Umfeldes AHR/HB

Die Stadt während der und nach den Zerstörungen

Teil 1

Der Neue Markt von St. Marien gesehen, die Brandruinen stehen noch AHR/HB

Die Große Mönchenstraße, Richtung Altstadt, nach Sprengungen der Ruinen und Beräumungsarbeiten Sad

Vogelsang, im Vordergrund Nordseite des Neuen Marktes. Im Hintergrund Vogelsang 14, heute Geschäftssitz der WG Warnow Sad

Ruinen der Altstadt, im Hintergrund St. Petri Sad

Trümmerhaufen dominieren den Blick über Fischbank und Altstadt Richtung St. Petri Sad

Das brennende Rostock von Westen aus der Ferne AHR/HB

Fischbank, im Hintergrund St. Marien Hag

Westlicher Abschnitt der Fischbank, Blickrichtung Osten Lin

Rauchwolken über dem Hafenviertel AHR/HB

Aussicht von St. Marien auf das Areal links und rechts der Straße Burgwall... AHR/HB

... und auf das Areal beiderseits der Lagerstraße AHR/HB

Innenstadt südlich von St. Marien AHR/HB

Ruinen zwischen St. Marien und Breiter Straße AHR/HB

Der Straßenzug Strandstraße/Ecke Schnickmannstraße AHR/HB

Blick von St. Petri in Richtung Unterwarnow. Unten rechts die Wendenstraße AHR/HB

Vier Bombennächte zerstören eine Stadt
Rostock brennt

Gegen halb zwei ist Fliegeralarm...

Heinrich Engel

Die erste Nacht
23./24. April 1942

Gegen halb zwei ist Fliegeralarm. Unwillig stehen wir auf. In der Ferne schießt die Flak. Wir gehen in den Luftschutzkeller unseres Hauses in der Erwartung, daß in dieser Nacht nicht mehr geschehen wird als in mancher anderen, nachdem anglo-amerikanische Bomber am 12. September 1941 Rostock zum erstenmal bombardiert hatten.

Das Bellen der Flak wird lauter. Man spürt leichte Stöße, die Wirkung von Sprengbomben. Ich gehe nachsehen, ob Brandbomben in unser Grundstück fallen. Von einem Fenster aus beobachte ich, wie die Leuchtspurmunition der Flak ihre Bahnen gen Himmel zieht. Da glänzt plötzlich im Südosten ein heller Stern, der sich langsam senkt und die Stadt hell anstrahlt – eine Leuchtbombe! Die Detonationen der Sprengbomben werden heftiger, im Südosten ist heller Feuerschein, Brandbomben haben gezündet. Jetzt eine heftige Detonation, gleich darauf noch eine, daß unser Haus erbebt. Westnordwest wachsen zwei Rauchsäulen rasend schnell zum Himmel empor, es muß in der Nähe der Chirurgischen Klinik sein, und auch dort breitet sich schnell roter Feuerschein aus. Der ganze Himmel ist jetzt fahlrot.

Nach etwa eineinhalb Stunden ebbt das Feuer der Flak wieder ab. Ich klettere auf das Hausdach und sehe vier Feuerherde, und ich sehe auch die Auswirkungen des nächtlichen Angriffs. Unzählige Schaufensterscheiben sind zertrümmert, bei den Polizeigärten sieht es trostlos aus. Der Luftdruck der detonierenden Bomben hat die Ziegeldächer abgedeckt, Dachsparren und Fensterscheiben sind zerbrochen. Die Straßen sind abgesperrt, doch man erkennt, daß einige Häuser stark beschädigt sind, so stark, daß sie vielleicht gesprengt werden müssen. Die Menschen sind alle recht zerstört.

Die zweite Nacht
24./25. April 1942

Der Engländer soll Flugblätter abgeworfen haben, auf denen er ankündigt, er wolle vier Nächte lang kommen. Andere wollen gehört oder gelesen haben, sogar jede Nacht bis zum 1. Mai, bis dahin solle Rostock vernichtet sein. Als wir abends ins Bett gehen, ist uns beklemmend zumute.

Um halb zwei heulen wieder die Sirenen. Heute sind wir noch schneller als gestern im Luftschutzkeller. Das Inferno beginnt: Erst hört man alles aus weiter Ferne, dann wird es immer lauter, die Erschütterungen werden spürbarer, das Haus schüttelt sich förmlich. Scheiben klirren, ein kalter Luftzug weht durch die Räume. Ich springe auf den Boden und schaue durch ein Dachfenster nach hinten – blendende weiße Helle. Eine Brandbombe ist aufs Dach gefallen und in der Dachkante steckengeblieben. Ein paar Hände voll Sand, vorsorglich bereitgestellt, ersticken das sprühende Feuer, und die Dachhaut, die Feuer gefangen hat, wird mit ein paar Eimern Wasser gelöscht. Über uns brummen die Motoren der Bomber.

Drei Häuser unserer Straße brennen, darunter auch unser Nachbarhaus. Das Feuer gefährdet unser Haus, und so versuchen wir, ihm von unserem Dach beizukommen. Unsere beiden Jungen, unser Neffe, unsere 74-jährige Oma schleppen Wasser aufs Dach, Nachbarn und Mitbewohner helfen uns, von zwei, drei Seiten sind wir vom Feuer umgeben. Neue Brandbomben prasseln herab, Sprengbomben detonieren, Splitter von Flakgeschossen regnen auf die Dächer, eine Luftmine wirbelt Funken und brennende Holzstücke durch die Luft. Gelingt es uns, des Feuers Herr zu werden, es an der Entfaltung zu hindern, bis die Feuerwehr kommt? Einige Löschzüge stehen nämlich in unserer Straße, doch – so unglaublich es klingen mag – unser Bitten, Flehen und Fordern, bei der Brandbombenbekämpfung zu helfen, wird mit der lakonischen Antwort abgelehnt: „Wir haben keinen Einsatzbefehl!“ Doch es gelingt uns, die Gefahr zu bannen.

Trotzdem werden die Bewohner des Hauses nervös. Irgendwer hatte gesagt, das Haus sei nicht mehr zu halten und müsse geräumt werden. Man beginnt, Wichtiges und Unwichtiges aus den Wohnungen zu tragen. Bald jedoch sehen die Leute ihren Irrtum ein und suchen ihr Eigentum wieder zusammen, oft leider vergeblich. Das Wasser in den Leitungen läuft noch, wenn auch spärlich. Die Gasleitungen geben seit der ersten Nacht kein Gas mehr, das elektrische Licht, das während des ersten Angriffs erlosch, flackert wieder auf.

Die benachbarte Ottostraße ist ein großer Trümmerhaufen. Nur am Nordende stehen noch ein paar Häuser, in der Mitte noch drei. In unserer Straße, der Wismarschen, sind 13 Häuser ausgebrannt oder durch Sprengbomben zerstört. Gegen Morgen erhalten die Feuerwehren endlich Einsatzbefehl.

Das Mittagessen will nicht recht schmecken, das Abendbrot erst recht nicht, denn der Londoner Rundfunk soll eine Warnung gesendet haben, daß weitere Angriffe folgen. Die Bevölkerung solle sich nicht in der Nähe von Industrieanlagen aufhalten, da die bevorzugte Ziele seien. Die Wirklichkeit sieht jedoch anders aus, die Schäden in den Heinkelwerken sind so geringfügig, daß nach den nächtlichen Angriffen, die Kriegsproduktion weiterläuft.

Die dritte Nacht
25./26. April 1942

Überall im Haus haben wir Tonnen, Eimer, Waschbalgen mit Wasser, Kisten, Eimer und Tüten mit Sand zum Löschen verteilt. Kurz nach zehn gehen wir todmüde ins Bett, den Wecker haben wir auf fünf Minuten vor halb zwei gestellt. Als auch Minuten nach dieser Zeit noch nichts zu hören ist, hoffen wir, daß diese Nacht so vorübergehen möge. Doch leider – da geht in der Ferne das Schießen los, heulen die Sirenen. Nicht so laut, denn viele sind ausgefallen. Wieder gibt es heftige Explosionen, begleitet von Erschütterungen, Fensterscheiben klirren, Türen zerbersten.

Das Krachen der Bomben hat sich nach und nach in der Ferne verloren, bald hört es ganz auf. Obwohl unser Haus nicht direkt betroffen wurde, empfinden wir diesen Angriff als den bisher heftigsten, wir zählten sieben Angriffswellen, die über uns hinweggingen. Ich gehe auf die Straße, der Anblick ist furchtbar. Die Medizinische Klinik am Schröderplatz brennt in ihrer ganzen Ausdehnung, einige anschließende Häuser ebenfalls. Der tagelang wehende Wind aus östlichen Richtungen ist zum Sturm angewachsen, der die Funken bis in unsere Straße treibt. In der Feldstraße und im Friedhofsweg wüten Großfeuer, die Leute sind in Panik, räumen die Häuser, die 40, 50 m von den Brandherden entfernt sind. Als der Sonntagmorgen dämmert, fegt der Wind schwere Rauchwolken über die Stadt hinweg, die Sonne zieht ihre Bahn als blutrote Scheibe, erst am Nachmittag lichtet sich der Schleier ein wenig.

Jetzt beginnen auch viele der Beherzten zu verzagen, sie verlassen ihre Wohnungen, fliehen aufs Land oder wollen die kommenden Nächte in öffentlichen Luftschutzbunkern verbringen. Wir bleiben jedoch auch diese Nacht im Haus, um vielleicht aufkommende Brände ersticken zu können, und unser Beispiel bewegt die Mitbewohner, es uns gleichzutun.

Die vierte Nacht
26./27. April

Gegen Abend ist die Stadt wie ausgestorben. Die Leitungen geben kein Wasser mehr. In der Neubramowstraße bekamen wir das allernötigste dieses jetzt doppelt kostbaren Nasses aus einer Pumpe, die ständig umlagert war und auch nicht all zuviel hergab. Luftschutzgeräte, Sand- und Wasservorräte werden noch einmal überprüft, denn wir rechnen damit, daß der Tommy wieder um halb zwei kommt. Da wir uns in der Uhr verguckt haben, sind wir schon angezogen, als das Schießen der Flak das Heulen der Sirenen meldet, Feindflugzeuge sind wieder im Anflug. In dieser Nacht empfinden wir die Erschütterungen und das Krachen der Bomben nicht annähernd so heftig wie in den Nächten zuvor. Nach der Entwarnung gehe ich auf die Straße, in unserer Nähe brennt es nicht, aber von der Altstadt her treibt der Wind wieder endlose Rauchfahnen heran, die Mond und Sterne verdunkeln.

Als die Verwüstungen dieses vierten Angriffs bekannt werden, haben wohl fast alle den Rest ihrer Fassung verloren. Man spricht von 40.000 Obdachlosen. Zehntausende verlassen bei Einbruch der Dunkelheit die Stadt. Die öffentlichen Luftschutzkeller sind ab 21.00 Uhr überfüllt.

Die nächsten Nächte und Tage

In der Nacht zum 28. April ist um die gewohnte Zeit wieder Alarm, doch es hieß, die angreifenden Flieger seien abgedrängt worden. Zum Glück, denn sonst wären die Folgen nicht auszudenken gewesen. In den Häusern gab es weder Wasser noch Menschen, die gewillt und fähig gewesen wären, aufkommende Brände zu löschen. Die Feuerwehren, zum Teil von weither, aus Berlin, Güstrow und Hamburg gekommen, waren außerhalb der Stadt stationiert, die Straßen zum größten Teil durch Trümmer und Bombentrichter blockiert, die Hydranten ohne Wasser. Die Versorgung mit Strom war nur kurze Zeit unterbrochen. Die Wasserversorgung wieder in Gang zu bringen, machte wesentlich mehr Arbeit.

Inzwischen wurden – wie zu hören und zu lesen war – weitere Flakbatterien herangezogen, dazu auch Scheinwerferbatterien und Sturmboote mit Falkgeschützen. Nachtjäger sollen auf Fehmarn stationiert worden sein, und rings um Rostock werden nachts Fesselballons hoch gelassen. Wir glauben auch, daß die britischen Flieger nur nachts Angriffe fliegen können, daß wir also bis Juli/August ruhige Nächte haben werden. Doch – wir täuschten uns!

Der fünfte Angriff
8./9. Mai 1942

In der Nacht zum 9. Mai sind die Engländer wieder da, gegen ein Uhr schießt die Flak. Der nächtliche Himmel bietet nicht das Bild, das wir von den früheren Angriffen her kennen. Die Dunkelheit ist von zahllosen milchweißen Bändern der Scheinwerfer zerteilt. Hin und wieder sieht man im Schnittpunkt mehrerer Lichtbahnen ein Flugzeug. Es sieht so harmlos aus, wie ein silberglänzendes Insekt. Die Schüsse der schweren Flak sind so laut und häufig, daß wir sie nicht von den Einschlägen der Sprengbomben unterscheiden können. Das blutige Rot der Brände fehlt heute ganz, nur in der Bahnhofsgegend wütet Feuer. Am westlichen Horizont flammt plötzlich blendende Helle auf, die bald erlischt. Wir erfahren am nächsten Morgen, daß in der Dethardingstraße ein Flugzeug abgestürzt ist.

Der Angriff hat zwei Stunden gedauert, doch wir haben den Eindruck, daß er nicht so planmäßig verlief wie die vorangegangenen. 19 Flugzeuge sollen abgeschossen worden sein, doch die Spuren des Angriffs sind dennoch klar zu sehen. Der Ufa-Palast (das heutige Capitol), der seine Vorstellungen heute wieder beginnen sollte, der als einziges Haus in der Breiten Straße stehengeblieben war, ist von Bombensplittern arg beschädigt. Der Hauptbahnhof und viele Häuser, auch in Warnemünde, das bisher weitgehend verschont blieb, sind getroffen.

„Demokrat“ vom 23.4.1982

Sie konnten nicht atmen

Gerda Schwarz

Wir wohnten in Rostock in der Altschmiedestraße 31 und verbrachten die ersten beiden Bombennächte mit den übrigen Hausbewohnern im Keller. Die Holzbalken, mit denen der Keller abgestützt war, wankten. Man mußte sie stützen, damit sie nicht umfielen, bis sich das Haus nach den gewaltigen Einschlägen in der Nachbarschaft wieder senkte.

Als wir nach der 2. Nacht wieder in unsere Wohnung gingen, war der Himmel blutrot. Das Nachbarhaus (Lebensmittel Peters) brannte, und unsere Männer mußten alle aufs Dach, um es dauernd unter Wasser zu halten. Als wir aus dem Fenster sahen, fiel gerade der Turm der Nikolaikirche wie eine brennende Fackel in das Dunkle.

Am Nachmittag vor der 3. Nacht kamen Parteileute und forderten alle Mütter mit kleinen Kindern auf, sich zum Abend auf dem Hof der Wallschule (hinter dem Stadttheater) einzufinden zum Abtransport. Ich wollte auf keinen Fall fort; aber als der Abend näher kam, wurde uns doch unheimlich. Wir warfen schnell einige Kleidungsstücke in einen Koffer und gingen mit unserem Kind zu dem angegebenen Schulhof. Hier warteten schon viele Mütter mit ihren Kindern. Es wurde 22 Uhr, bis endlich wieder ein Omnibus kam, in dem ich Platz fand.

Unterwegs auf der Landstraße nach Bad Doberan, sah ich erstaunt, daß die Menschen nur so aus Rostock herausströmten. Bis nach Doberan war die Straße voller Menschen. In Brunshaupten hielt unser Omnibus dann an. Es war dunkel und die meisten Kinder weinten vor Angst und Müdigkeit. Einige junge Schüler hatten uns erwartet und mußten uns in unsere Quartiere bringen.

Es war ja schon nach Mitternacht, als wir endlich unser Zimmer hatten. Plötzlich hörte ich ununterbrochen dumpfe Einschläge, und das ganze Haus erbebte, als wenn es jeden Moment einstürzen sollte. Entsetzt fuhr ich auf. Als ich auf den Balkon heraustrat, ging der Wirt vor dem Haus hin und her. Er rief mir zu, es wäre wieder ein Angriff auf Rostock. Und ich wußte doch meinen Mann und meine Eltern in dieser Hölle!

Die nächste Nacht wieder dasselbe. Ich wachte zitternd vor Angst, bis wieder nach Mitternacht die Einschläge zu spüren waren und das Haus bebte. Unser Wirt mußte noch in der gleichen Nacht mit anderen Männern nach Rostock zum Helfen. Als er abends wiederkam, erschöpft und rauchverschmiert, sagte er nur kurz, in Rostock, in der Altschmiedestraße stünde kein Haus mehr, es wäre überhaupt in der ganzen Stadt kein Stein mehr auf dem anderen. Sie hätten sich nur in wenige Straßen mit Gasmasken hineinwagen können.

Mein Mann war in der 3. Nacht, als ich fortfuhr, wieder in den Hauskeller gegangen. Aber es war so entsetzlich, daß er sich schwor, nie wieder bei Alarm in einen

Keller zu gehen. Als er endlich den Keller verlassen konnte, brannte die ganze Innenstadt. Es brannte auch die uns gegenüberliegende Seite der Altschmiedestraße.

Meine Eltern, die in der Doberaner Straße wohnten, hatten in ihrer Angst und Ungewißheit um uns versucht, nach der Entwarnung in der 4. Nacht zu uns zu gehen, in die Altschmiedestraße; aber sie waren nicht weit gekommen. In dem Flammenmeer konnten sie einfach nicht atmen.

Nach einigen Tagen gelang es meinem Mann, zu meinen Eltern durchzukommen, wo er schöpft zusammenbrach und erst nach einigen Stunden Schlaf und etwas Essen in der Lage war, meinen Eltern ausführlich zu berichten.

Altschmiedestraße von Süd nach Nord *Web*

Lehrling bei Schomann

Walter Jürß

Der Krieg nahm nach dem Beginn des Russlandfeldzuges allmählich andere Dimensionen an, als es sich mancher vorher vielleicht vorgestellt hätte. Ich rechnete damit, in ein, zwei Jahren zum Militär eingezogen zu werden.

Bislang ging ich jedoch noch zur Realschule, so dass ich bei einem normalen Schulabschluss wahrscheinlich meine Lehre nicht beendet hätte, wenn die Einberufung gekommen wäre.

Diese Möglichkeit gefiel mir überhaupt nicht, und ich setzte meiner Mutter auseinander, dass ich von der Schule abgehen wollte, um eine abgeschlossene Berufsausbildung zu haben, ehe ich zum Militär musste. Mutter sah den Sinn meiner Überlegungen ein, und so begann ich als Lehrling bei einer Firma für Eisenwaren Haushaltsgeräte und Spielwaren in Rostock, bei Schomann am Neuen Markt. Das war eine alteingesessene Firma, die sich zu der Zeit bereits seit 225 Jahren im Familienbesitz befand und immer weiter entwickelte hatte. Als ich dort anfing, erstreckten sich die Geschäftsräume innerhalb eines großen Gebäudes über einige Etagen. Mein Chef, ein Herr Lehmann, war was auch einiges über die Bedeutung der Firma aussagte – Präsident der Industrie- und Handelskammer zu Rostock.

Mit dem Beginn meiner Lehre fiel ein anderes Ereignis zusammen. Als Lehrling hatte ich keine Zeit mehr für das Jungvolk, da bei denen am Mittwoch und am Sonnabend Dienst war. Mich zur Hitlerjugend umzumelden, hatte ich keine Lust, ich hatte mit Hockey, Tennis und Tanzschule viel zu viele andere Interessen. Also musste ich vorsichtig sein: Wenn mir auf der Straße ein Zug Hitlerjugend entgegen marschiert kam, hieß es, schnellstens in einem Hauseingang oder einer Seitenstraße zu verschwinden. Eine ganze Weile ging das gut, aber als ich in Graal-Müritz im Urlaub war, bekam ich eine Vorladung zum Bann, der höchsten HJ-Dienststelle in Rostock. Ich ignorierte das erst einmal, aber prompt stand nach einigen Tagen ein Polizist bei meiner Mutter vor der Tür. Er machte ihr unmissverständlich klar, dass ich am nächsten Tag um 19 Uhr zu Hause zu sein habe, er würde mich dann abholen und zum Bann bringen. Am nächsten Tag, einem Mittwoch, stand er pünktlich vor der Tür, und wir marschierten los. Natürlich war es mir peinlich, von einem Polizisten eskortiert durch die Stadt zu gehen. Ich fragte ihn, ob wir nicht die Straßenbahn nehmen könnten, und er stimmte zu, wenn ich für mich selbst zahlen würde. Gesagt getan.

Beim Bann erwartete mich ein kriegsversehrter Stammführer mit EK 1 und anderen Orden, der mich sofort zusammen schrie, ich müsste als Jungenschaftsführer wissen, dass ich mich selbst bei der HJ zu melden habe. Viel weiter kam er aber nicht, denn im Nebenzimmer entstand ein Tumult. Da waren zwei aneinander geraten und handgreiflich geworden. Einer der beiden bekam sofort vier Strafwochenenden aufgebrummt: Holzhacken im Gefängnis. Für mich war die Sache von Vorteil, da mein Vergehen plötzlich völlig nebensächlich war, ich konnte wieder gehen. Kurz danach bekam ich meine Einberufung zum Arbeitsdienst, und damit war das Thema HJ ohnehin erledigt. Vorsichtshalber besuchte ich noch einen Streifendienstführer, den ich aus der Pimpfenzeit kannte und bat ihn, meine Vorführung beim Bann nicht weiterzuleiten. Er versprach es mir und hielt seine Zusage auch.

Nach gerade zwei Monaten in der Firma, ich befand mich noch in der Probezeit, sorgte ich auf andere Weise für eine gewisse Aufruhr. Ich hatte in der Rostocker Zeitung einen Artikel über die Zusammenhänge von Ortstarifen und Lehrlingsgehälter gelesen. Rostock gehörte demnach zur S-Klasse, so dass die Vergütung für das erste Lehrjahr 25 Reichsmark hätte betragen müssen. Wir bekamen aber nur 15 Reichsmark. Ich ging am nächsten Tag zum Prokuristen und zeigte ihm den Zeitungsbeitrag. Der Prokurist schickte mich weiter zum Chef, Herrn Lehmann. Der wiederum ließ sofort die Chef-Buchhalterin holen, eine Frau mit fünfundzwanzig Jahren Diensterfahrung, und wollte von ihr wissen, welche Ortsklasse für Rostock gelte. Sie sagte prompt „S", und er antwortete ebenso prompt, dann müsse sie sich vom jüngsten Stift belehren lassen, dass sie falsche Beträge ausgezahlt habe. Ab sofort bekamen alle sechs Lehrlinge mehr Geld und ich zusätzlich eine Belobigung. Das war sozusagen die Alltagsseite meiner Lehre, aber es gab auch eine andere: den Krieg.

Der Krieg kommt nach Rostock: Terrorangriffe

Bei Fliegeralarm mussten Angestellte, die nahe der Firma wohnten, Branddienst im Gebäude machen, das hieß Feuerbekämpfung mit Sand und Wasser. Für jeden Alarm gab es eine Reichsmark, da kam ab 1942 schon einiges zusammen. Was aber in der Anfangszeit eher eine Routineangelegenheit mit der Möglichkeit auf die eine oder andere Mark zusätzlich gewesen war, wurde im April plötzlich bitterer Ernst.

Am 29. März hatte es bereits Lübeck getroffen, schön alt und mit viel Holz. Die Altstadt hatte gebrannt wie Zunder, einen Monat später war Rostock dran. Es begann am 23. April. In der ersten Nacht wurden sichtlich planvoll das Gaswerk am Güterbahnhof und das Wasserwerk bombardiert. Erst wurden Sprengbomben geworfen, um die Gebäude aufzureißen, danach kam der Phosphor, ca. 50 cm lange und 10 cm starke Stäbe mit einem Zünder, die in den geborstenen Bauwerken praktisch unlöschbare Brände entfachten. Den ersten Angriff sahen sich viele Leute sogar noch an. In der zweiten Nacht brannte schon die halbe Stadt, und wir hatten es bereits vor der Tür. Unsere Wohnung am Beginenberg lag ungefähr 150 bis 200 Meter entfernt vorn Steintor, das wie eine Fackel brannte. Die ganze andere Straßenseite stand in hellen Flammen, auch die Nikolaikirche.

Am 25. April war meine Firma dran. Unser Chef hatte uns noch angewiesen, möglichst Unterlagen und Karteien aus der Buchhaltung zu retten, so dass ich damit beschäftigt war, Ordner und Büromaschinen auf einen vierrädrigen Handwagen einen Blockwagen zu laden. Dann griff das Feuer in der Straße so um sich, dass ich damit Schluss machen musste und nur noch den Wagen aus dem Hof holte. Es war inzwischen fast 5 Uhr und hatte bereits Entwarnung gegeben, aber die Hitze der Brände steigerte sich noch, so dass es zu Feuerstürmen kam. Ich sah, wie die Flammen von den Nebenhäusern her die Vorderfront unserer Firma erreichten, durch die Ladentür leckten, im Nu quer durch das Gebäude liefen und an der Rückfront wieder herausschlugen. Es entstand ein Sog wie in einem Kamin. Hier war nichts mehr auszurichten, und so machte ich mich mit dem Blockwagen auf den Weg nach Hause. Das war nicht einfach, Umwege wurden nötig, weil es überall brannte und Trümmer auf die Straße stürzten. Zu Hause angekommen war es eine Freude, wenigstens die Familie gesund vorzufinden bei all den verbrannten und durch Steinbrocken erschlagenen Toten, die ich auf den Straßen gesehen hatte. Unser Nachbarhaus war nur noch eine qualmende Ruine, die gesamte andere Straßenseite vom Steintor bis fast zur Grubenstraße war völlig ausgebrannt. Auch hier fielen noch stehende Hauswände unversehens in sich zusammen, so dass weiterhin die Gefahr bestand, durch herab fallende Mauerteile umzukommen.

Unser Haus war nur durch die Aufmerksamkeit meiner Mutter und zweier Untermieter dem Inferno entgangen. Sie hatten noch während des Angriffs auf dem Dachboden drei Phosphorstäbe von denen einer bereits gezündet hatte, durch die Dachluken hinausgeworfen. Den Rest hatten sie mit Sand gelöscht.

Der hinter unserem Haus liegende leere Stall war ebenfalls ein Raub der Flammen geworden. Zum Glück war er nach dem ersten Angriff geräumt worden - bis dahin hatten in den Gebäuden Stapel von Reifen der Heinkel-Flugzeugwerke gelagert.

Auch unser Haus wurde, bis auf den Flügel, der umgekippt in einem Zimmer zurückblieb - er war wohl zu schwer - geräumt und wir brauchten Wochen, unsere auf verschiedene Sammelplätze verstreuten Möbel wieder zusammenzuholen.

Vorerst kamen wir im Ständehaus unter und waren froh, wenigstens ein Dach über dem Kopf zu haben. Weil wir unter fürchterlichem Durst litten und es kein Wasser gab, ging ich noch einmal in unseren Keller zurück und holte zwei Flaschen Sekt. Der lag noch aus der Zeit meines Vaters dort und war eigentlich für eine Hochzeit oder ein ähnlich großes Ereignis gedacht. Jetzt tranken wir ihn aus Tassen, und er hat besser geschmeckt, als jemals ein Sekt davor oder danach. Wahrscheinlich lag das an dem überstandenen Schrecken und unseren ausgedörrten Kehlen.

Der Blockwagen, mit dem ich Unterlagen aus der Firma gerettet hatte, hat uns noch gute Dienste geleistet. Meine Mutter hat auf ihm Oma Luise, die zu Kriegsende aufs Land evakuiert worden war, im Juni 1945 aus dem ungefähr 15 Kilometer entfernten Pastow zurück nach Hause geholt. Oma war damals 76 Jahre alt und hatte eine schwere Lungenentzündung. Aber sie hat auch das durchgestanden und noch viele Jahre gelebt. Auch der Flügel hat alles gut überstanden, in den sechziger Jahren hat meine Mutter ihn an die Neptunwerft für deren Kultursaal verkauft.

Rostock war die erste Stadt in Deutschland, die so großflächig in Trümmer gelegt wurde. Ich werde mein Lebtag diese Bilder von Tod und Zerstörung vor Augen haben.

Noch während der bis zum 27. April dauernden Angriffe kam ein ganzes Feuerlöschregiment aus dem Rheinland zur Hilfe. Wenige Tage danach erreichten Hilfszüge die Stadt, so dass Versorgung und Verwaltung schon in kürzester Zeit wieder funktionierten. Für Ausgebombte gab es die „Hermann-Göring-Spende“: Jeder bekam für den symbolischen Preis von 1 Reichsmark komplette Schlafzimmer, Küchen oder was er sonst verloren hatte.

Auch die Firma Schomann, deren Gebäude in Schutt und Asche lagen, eröffnete schon vier Wochen später das Geschäft erneut am Hopfenmarkt. Wir bekamen eine neue Ladeneinrichtung, und fast jeden Tag kam ein Waggon mit dringend benötigten Waren. Diese Lieferungen boten für mich eine Einnahmequelle zu meinem Lehrlingsentgelt. Meine Aufgabe war es, morgens um 6 Uhr zwei LKWs von der städtischen Fahrbereitschaft zu besorgen, so dass der jeweilige Waggon bis 13 Uhr entladen war. Dann gab es für mich eine Prämie von 10 Reichsmark, die zusätzliche Arbeitszeit durfte ich abbummeln. Das tat ich natürlich am Sonnabendnachmittag, denn da wollte ich nach Graal an den Strand. Das aber gab böses Blut. Denn wenn ich bei schönem Wetter mittags um 12 Uhr statt um 18 Uhr die Firma verließ, kam bei den anderen natürlich Neid auf.

Allerdings hatte trotzdem keiner meiner Kollegen Lust, morgens vor Tau und Tag aufzustehen und die Lastwagen zu holen. So blieb alles beim Alten, was für mich eine durchaus zufriedenstellende Regelung war.

Meine Lehre verlief auch sonst ziemlich erfolgreich, sodass ich bereits nach achtzehn Monaten statt nach drei Jahren meinen Abschluss machen konnte.

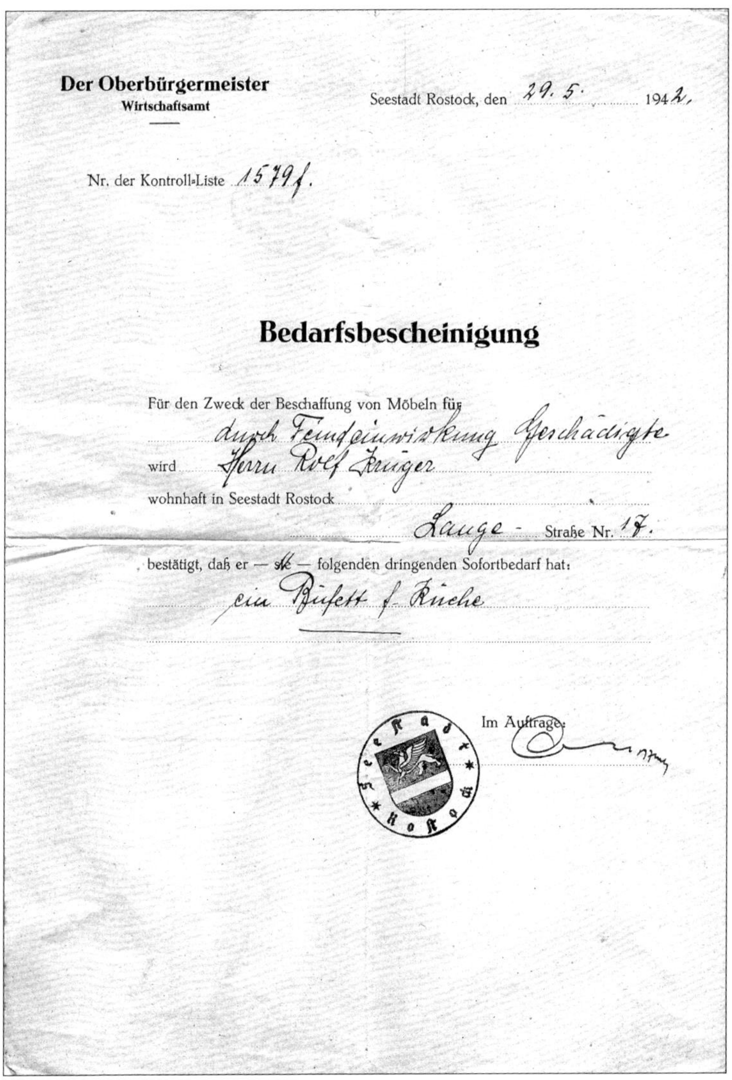

Der Oberbürgermeister
Wirtschaftsamt

Seestadt Rostock, den 29. 5. 1942.

Nr. der Kontroll-Liste 15791.

Bedarfsbescheinigung

Für den Zweck der Beschaffung von Möbeln für durch Feindeinwirkung Geschädigte
wird Herrn Rolf Krüger
wohnhaft in Seestadt Rostock
Lange - Straße Nr. 17.
bestätigt, daß er — ~~sie~~ — folgenden dringenden Sofortbedarf hat:
ein Büfett f. Küche

Seestadt Rostock

Im Auftrage:

Viele Rostocker, die bei den Bombenangriffen Hab und Gut verloren, erhielten solche Bescheinigungen

AS

Die Eisenwarenhandlung J. F. Schomann jun. Rostock, Neuer Markt 27/28, brannte

Alfred Kasanowski

Sicher gibt es heute noch zahlreiche Rostocker, die sich an die große Eisenwarenhandlung mit einer attraktiven Spielwarenabteilung in den beiden Häusern Neuer Markt 27/28 und an die Bombennacht von 1942 erinnern. Wo diese Häuser einmal standen, fährt heute die Straßenbahn.

Immerhin waren im Jahre 1939 35 Mitarbeiter bei J. F. Schomann jun. beschäftigt. Eine Jubiläumsschrift aus dem Jahre 1901 überliefert uns, dass die Firma ihr 100-jähriges Bestehen feierte. Außer der Schrift existieren heute noch einige seltene Medaillen, die man aus Anlass der Jubiläumsfeier in Silber und Kupfer prägen ließ. Hierbei muss wohl ein besonderes Repräsentationsbedürfnis eine Rolle gespielt haben. Das Handelsunternehmen wollte sicher dadurch seine solide Grundlage zum Ausdruck bringen. Es demonstrierte damit, dass es 100 Jahre, von 1801 bis 1901 jeder Konkurrenz gewachsen war und dass es seine Kunden immer reell und gut bedient hat. Einige ausgewählte Großkunden und Geschäftspartner erhielten eine Silbermedaille. Aber auch nicht jeder Laufkunde bekam eine Medaille aus Kupfer. Der Durchmesser der Medaillen beträgt 38 mm. Hergestellt wurden sie in der Prägeanstalt Örtel, Berlin. Heute sind die Sammlerstücke, die unsere Altvorderen uns hinterlassen haben, sehr selten. Sie sind von lokalgeschichtlicher Bedeutung.

In den beiden zusammengehörenden Häusern Neuer Markt 27/28 waren im Untergeschoss die großen Schaufenster weithin sichtbar. In zwei Etagen waren Verkaufsräume mit drei Abteilungen eingerichtet.

1. Eisenwaren, Werkzeuge, Baubeschläge
2. Haus- und Küchengeräte, Stahlwaren, Öfen und Herde
3. Spielwaren und Gartenmöbel

Außer einer Dienstwohnung und den beiden Verkaufsetagen wurden alle anderen Räume der beiden Häuser, von den Kellern bis zu den Dachböden, von der Firma als Lager genutzt. Naturgemäß zogen die Auslagen in den Schaufenstern, die mit Spielwaren dekoriert waren, die Kinder von damals magisch an. „Plattnasengeschäft" so die Meinung eines heute 80-jährigen Rostockers: „Na ja, oft habe ich damals als Kind meine Nase an den Schaufensterscheiben platt gedrückt".

Frau Hanne-Lore Blankenhagen, heute wohnhaft in der Maßmannstraße, hat sehr positive Erinnerungen. „Als ich im Jahre 1937 eingeschult wurde, bekam ich auf Wunsch aus dem Schaufenster für meine Puppenstube eine Garnitur Korbmöbel. Meine geliebte Puppenstube, die ebenfalls von ‚Schomann' stammte, hatte eine Veranda, in der die Garnitur ihren Platz fand. Eigentlich bekam ich das herrliche Geschenk deshalb, weil meine Eltern mir erklärten, dass ich keine Schultüte bekommen konnte, weil einige Kinder in der näheren Nachbarschaft deswegen keine Schultüte hätten, weil ihre Eltern arm wären. So gingen wir dann gemeinsam zum ersten Schultag eben ohne Schultüte. Ich entsinne mich, dass ich in den Folgejahren noch einige Geschenke aus Schomanns Spielwaren-Abteilung bekam. An die kann ich mich heute nur noch undeutlich erinnern. Nur meine Puppenstube mit den Korbmöbeln werde ich nie vergessen " schwärmt die 80-jährige Rostockerin. „Das nebenstehende Bild zeigt einen Korbsessel aus meiner Puppenstube. Die Puppenstube selbst hat meine Mutter im Herbst 1945 bei einem Bauern gegen eine Gans getauscht. Ein paar Tränen habe ich damals als 14-jähriges Mädchen schon vergossen. Mein Trost war, dass der schwergewichtige fette Vogel der absolute Clou meiner Konfirmationsfeier wurde. Alle meine Gäste waren in der mageren Zeit von dem Festessen begeistert".

Die über 140-jährige Existenz der Firma J.F. Schomann, die vor 210 Jahren, im Jahre 1801 gegründet wurde, sowie ihre exponierte Lage neben dem Rostocker Rathaus, ist ein Stück Lokalgeschichte unserer Stadt. Ein Auszug aus den „Neuesten Zeitungen auf das Jahr 1801, 41. Stück" enthält eine Anzeige:

„Da mir mein Oncle Herr Peter Heinrich Schomann, sein bis jetzt geführtes Handelsgeschäft in kurze Waaren mit dem heutigen Tage auf meine eigene Rechnung übertragen hat, und ich solches im alten Hause am neuen Markte, unter der Firma J.F, Schomann jun. ferner fortsetzen werde - so verfehle ich nicht, hiervon die schuldige Anzeige zu machen, und mich allgemein besten zu empfehlen.
Rostock, den 17. May 1801 Joachim Friedrich Schomann"

Da der neue Geschäftsinhaber bei der Übernahme noch nicht großjährig (22) war, musste das Geschäft nach Vorschrift des Rates der Stadt den Zusatz „junior" führen. Im Laufe des 19. Jahrhunderts wurde die Firma Schomann in Rostock und auch in ganz Mecklenburg zu einem führenden Handelsunternehmen. Manche Neuheit tauchte im Lande auf. So zum Beispiel die erste Nähmaschine, der erste gusseiserne Plättofen, die erste Fleischhackmaschine, die ersten großen Ladenschaufenster fanden die Bewunderung der Kunden, unserer Altvorderen, in ihrer Zeit.

Die Waren, die Schomann auf den Mecklenburger Markt brachte, wurden mit großem Aufwand auf den Mustermessen in Leipzig eingekauft. Eine Firmenchronik berichtet, dass die Einkaufsreisen mit Pferd und Wagen in Kolonnen durchgeführt wurden. Eine Reise dauerte immer über drei Wochen. Für jede Reise mussten, auch unterwegs, frische Pferde gewechselt werden. Zur Abwehr von Räubern führten die Kaufleute stets Waffen mit, die auch genutzt wurden. Alte Geschäftsbücher sagen aus, dass die Einkäufer Bargeld in verschiedenen Währungen in Geldkisten mit sich führten. Die Entwicklung des Geschäftes spiegelt auch die Geschichte des Landes wider. Geldentwertungen, Kriege, Kontributionen, Missernten, Epidemien wie Cholera, Revolutionen und Konkurrenzkämpfe auf dem internationalen Markt und politische Veränderungen beeinflussten die Entwicklung des Geschäftes.

Sein Werdegang von der kleinen Nadlerwerkstatt zum größten Geschäft seiner Art im Land bietet uns heute viel Wissenswertes in kultureller, sozialer und wirtschaftlicher Hinsicht, welches in diesem Beitrag nur unzureichend behandelt werden kann.

An ihrem angestammten Platz wurde die Firma Schomann mit den Bombenangriffen im April 1942 ausgelöscht.

Hineingereist in das Inferno der Bombennächte vom April 1942

Gertrud Horn

Seinerzeit wohnte ich in Bremen. Dort hatte ich bereits viele Fliegeralarme mit Bombenwürfen miterlebt. Da Bremen über ein ausgedehntes Stadtterritorium verfügt, kam es, daß wir die Grausamkeit der Bombenabwürfe nicht so massiv zu spüren bekamen. Am April 1942 bat mich meine Tante in Malchin, ihr während ihrer Krankheit zur Seite zu stehen.

Die Reise nach Mecklenburg führte mich über Lübeck. Stets erfreute ich mich beim Umfahren der Stadt an der herrlichen hanseatischen Stadtsilhouette. Trotz meines Wissens um die letzten schweren Anglo-Amerikanischen Bombenangriffe, übertraf der Anblick meine schlimmsten Vorstellungen. Die prächtigen Türme waren zerstört. Lübeck glich einer Gespensterstadt. Ich war unendlich traurig, ohne zu ahnen, was mir noch bevorstehen sollte.

In Bützow benutzte ich den Aufenthalt, um im Bahnhofsrestaurant ein markenfreies Essen zu mir zu nehmen. Unter den dort aushängenden Zeitungen erblickte ich den „Rostocker Anzeiger". Nun erst erfuhr ich, daß in der vergangenen Nacht auch in Rostock Bomben gefallen seien. Auf Befragen zweier Herren brachte ich in Erfahrung, daß im Patriotischen Weg (damals Horst-Wessel-Str.), wo meine Eltern wohnten, was passiert wäre. Genaues wußten sie nicht. Völlig beunruhigt änderte ich mein Reiseziel und fuhr statt nach Malchin mit dem Zug nach Rostock. Ich kann es nicht beschreiben, wie erleichtert ich war, als ich das Haus, in dem meine Eltern wohnten, unversehrt erblickte.

Inzwischen war es gegen 22 Uhr und meine Mutter, überaus erregt, damit beschäftigt, allerlei überflüssigen Hausrat in einen Seesack zu stopfen. Sie erklärte mir: „Die sind gestern gekommen und haben zu Adolfs Geburtstag gratuliert. (Gemeint war Hitlers Geburtstag am 20. April) Die kommen diese Nacht bestimmt wieder! Wir müssen schnell noch retten, was wir können. Ich habe schon Sachen auf's Land geschickt." Also packte ich den Sack aus und vor allem Betten und Unentbehrliches, was kaum wieder zu beschaffen war, hinein. Ein Köfferchen mit den Papieren stand stets griffbereit. Nachts zog man sich nur die Überbekleidung aus und warf sich, wenn die Sirenen aufheulten, schnell möglichst zwei Kleider über und zwar die besten. Am sichersten bekam man mit, was man am Leibe trug.

Sirenenalarm!

Bange hatten wir damit gerechnet, und der Schlaf hatte auf sich warten lassen. Wir hasteten in den Keller. Angstvoll duckten wir uns, wenn die Bomben über uns hinwegpfiffen. Danach ein ohrenbetäubender Knall, Erschütterungen, Krachen, Klirren. Das mußte in der Nähe gewesen sein. Wen mag es getroffen haben? Die Luftschutzkeller waren so eingerichtet, daß es von Haus zu Haus Durchbrüche gab; die leicht zugemauert waren. Mittels Phosphorfarbe wurden sie gekennzeichnet, damit man sie im Notfall leicht herausstoßen konnte. So hat sich mancher aus einem verschütteten Haus durch mehrere Häuser hindurch noch ins Freie retten können. Als es ruhiger wurde, stieg mein Vater der glücklicherweise nicht im Dienst war, zusammen mit einem anderen Hausbewohner auf's Dach und konnte die Brandbomben, die sich nicht gleich entzündet hatten, vom Pappdach herunterwerfen. Den Schrecken dieses Angriffs zu beschreiben, ist mir mit Worten nicht möglich.

Aus der oberen Etage des Krankenhauses am Schröderplatz schlugen die Flammen in die Nacht. Lange noch sagten die Rostocker: „Wir brauchen kein Feuerwerk, wir haben Feuerwerk genug gesehen".

Schlimm war es, daß in dem angebauten Stadtkern das Feuer sich so schnell ausbreiten konnte. Es wurde gesagt, daß es an Motorspritzen gefehlt hätte, und der Wind besorgte das Seinige.

Meine Eltern entschieden: „Wir beladen unseren Ziehwagen und fahren gegen Abend nach Pölchow. Im Garten zu übernachten, war nicht ratsam, weil sich in der Nähe Flakstellungen befanden. In Pölchow hatte ich eine Schulfreundin. Ein schwerer Weg ums Leben, um zwei Leben, denn ich war im 7. Monat schwanger. Die Kraft reichte sogar, um für drei Menschen die Strapazen auf sich zu nehmen, da ja mein Mann, der an der Front war, auch sehnlichst der Geburt seines Kindes entgegensah, und sie dann doch nicht erleben durfte.

In Pölchow wurden wir liebevoll aufgenommen und versorgt und konnten unser Herz ausschütten, weil wir ja unter Freunden waren. Schlaf fanden wir leider kaum. Wieder Alarm! Abermals loderten in Rostock zu den schwelenden Bränden Flammen. Was war in dieser Nacht dran? Sollte denn gar nichts mehr übrig bleiben? War Rostock, das man im Dunst der Warnow für unauffindbar hielt, nun ausgelöscht?

Am anderen Morgen hatten wir Glück, daß der Milchwagen uns mitnahm, unser Ziehwagen blieb zunächst in Pölchow. Trotz des guten Wetters war es kalt in der Frühe.

Als Rostock in Sicht kam, bot es den gleichen Anblick wie Lübeck. St. Petri, St. Nikolai, St. Jakobi waren Ruinen, ebenso unser schönes Stadttheater. Anwohner der Slüterstraße hatten ihre Möbel und ihre Habe in die Petrikirche geschafft, um sie zu retten. Nun wurden sie dort das Opfer des Angriffs.

Als ich mich nach meiner Kusine in der Zelckstr. umsehen wollte, kam ich durch die Berge von Schutt in der Friedrich-Franz-Straße (heute August-Bebel-Str.) nicht hindurch. Dort war ein Volltreffer eingeschlagen. Man fand sich kaum noch zurecht. Die Sonne schaffte es nicht, Staub und Rauch zu durchdringen. Wieviel Tote mochten wohl unter den Trümmern liegen?

Meine Kusine war bereits nach Bützow abgereist. Sonderzüge evakuierten Mütter mit Kindern und alle, die in der Stadt keine Aufgaben mehr wahrnehmen konnten. So kam ich dann doch noch nach Malchin. In der nächsten Zeit spielten sich erst mal keine Terrorangriffe mehr ab. Bevor ich endgültig nach Bremen zurückreiste, verweilte ich noch ein paar Tage in Rostock. Das Haus, in dem meine Eltern wohnten, war, wie durch ein Wunder, vielleicht auch durch die Umsicht meines Vaters stehen geblieben. Die Fenster waren mit Pappe vernagelt und über die anderen Schäden haben wir fast dankbar hinweggesehen, bis Handwerker aus Königsberg kamen und das Nötigste ausbesserten.

Nun erst konnte man das große Unglück langsam begreifen. In der Innenstadt fanden wir keinen heilen Straßenzug mehr. Wir sahen die Ruinen der großen Kaufhäuser und standen fassungslos an der zerstörten Jakobikirche. Durch die mutige Tat des damaligen Küsters von St. Marien wurde diese Kirche gerettet. Wie zum Hohn lag die große Glocke von St. Petri auf dem Rondell vor dem einstigen Wahrzeichen unserer Heimatstadt.

Das ausgebrannte Hotel „Fürst Blücher“ Lin

In der Steinstraße tobt ein Feuersturm...

Eberhard Peters

[...]

Am 24. April 1942, 050 Uhr, ertönten die Fliegeralarmsirenen. Die mondhelle Nacht gestattete den feindlichen Fliegern, längs der Küste bis Warnemünde und dann den Breitling aufwärts nach Rostock zu fliegen. Tod und Verderben stürzten auf die Stadt hernieder.

Ringsum das taghelle Phosphor der Brandbomben! Riesige schwarzrote Sprengwolken der schweren Sprengbomben! In den Heinkelwerken brennt das Konstruktionsbüro, ein riesiges Gebäude, und eine Halle. Dazwischen hebt sich deutlich ein Luftschutzbunker als Kegel ab. In der Stadt sehen wir drei größere Brände: Am Patriotischen Weg, an der Warnow bei der Nikolaikirche, bei den Polizeigärten. Eine Serie von Brandbomben fällt neben die Chirurgische Klinik. Die ganze Stadt mit ihren schönen Kirchtürmen und Toren steht als Silhouette vor dem Feuerschein der Brände an der Warnow.

Gegen 3 Uhr wird entwarnt.

Wohnungen waren das Ziel

Der Angriff der zweiten Nacht erfolgt zur gleichen Stunde. Es bietet sich das gleiche schaurige Bild. Ich stehe vor der Haustür meines Kompaniegebäudes, als plötzlich ein scharfes Heulen und danach eine heftige Detonation erfolgt. Fensterscheiben splittern herab. Auf unsere Kaserne zu eine riesige Staubwolke. Eine Luftmine war 400 m von uns detoniert, mitten in der Kieler Straße, und hat zwei Häuser einfach herausgerissen.

Nach dem Angriff fuhr ich wieder durch die Stadt. Die Nikolaikirche und das Steintor sind den Flammen zum Opfer gefallen. Die Zerstörung hat ein größeres Ausmaß angenommen. In der Waldemarstraße brennt eine ganze Straßenseite. Auch das Theater steht in Flammen. Doch es sollte in der dritten Nacht noch schlimmer kommen.

Ich beobachte den Angriff wieder vom Luftschutzturm aus. Die Taktik der Briten ist verändert. Sie werfen weniger Brandbomben, dafür viel mehr schwere Sprengbomben, so daß die Brände von aufgeworfenem Dreck und Staub verhüllt werden.

Ist hier noch Hilfe möglich?

Nach dem Angriff werden die Kompanieführer zum Regiment befohlen. Wir habe alle den Eindruck, daß es sich um die schwerste Nacht handelt. Um meine drei Maschinengewehrbesetzungen, die auf der Medizinischen Klinik, in der Blutstraße und auf der Universität zur aktiven Flugabwehr eingesetzt waren, bin ich in Sorge.

Die Lage ist ernst. Die Stadt brennt an vier Großschadensstellen. Ich werde an die Großschadensstelle hinter dem Rathaus in der Großen Wasserstraße befohlen. Meine Kompanie ist bereits abmarschbereit.

Am Doberaner Platz bietet sich uns ein schauriges Bild: die ganze Medizinische Klinik ein einziges Flammenmeer, das mit Wasser kaum zu bekämpfen ist. Das Kröpeliner Tor brennt im Dach. Die Blutstraße ist schwer getroffen.

Am Blücherplatz biegen wir rechts ab. Hinter dem Schwaaner Tor fahren wir zwischen dem brennenden Land- und Amtsgericht und einem anderen großen brennenden Gebäude hindurch. Am Rosengarten brennt die Hauptpost. Auch das Hilfskrankenhaus im Hotel „Fürst Blücher" steht in Flammen.

Nun rollt der Wagen den Beguinenberg hinab, denn in der Steinstraße tobt ein Feuersturm.

Die Menschen sind durch die furchtbare Nacht schwer mitgenommen. Sie haben ihre Möbel auf die Straße geräumt; die Wagen kommen schwer durch. Die Leute schreien uns an in ihrer Erregung. Sie wissen nicht, daß wir zu den Hauptbrandherden müssen. Schließlich müssen wir zu Fuß weiter.

Der Rauch beißt in den Augen. Aber immer vorwärts durch die brennenden Gassen der Altstadt! Bald habe ich Verbindung mit einem Feuerwehrlöschoffizier und bespreche mit ihm, wo meine Kompanie eingesetzt werden soll. Am Gymnasium stößt ein Leutnant mit zehn Mann zu mir. Dann geht es über den Beguinenberg zum Stadthaus. Möbel müssen geborgen werden. Das oberste Stockwerk brennt, der Giebel ist ohne Halt. Die Häuser daneben sind schon ausgebrannt. Eine Frau bittet uns, ihre Sachen zu retten. Bis auf schwere Schränke und große Tische schaffen wir es. Im Treppenhaus stürzen brennende Balkenstücke herab. Funkenregen und Qualm. Nebenan brennt eine Drogerie. Ihre Vorräte werden hinausgeschafft.

So geht es von Haus zu Haus. Das Feuer frißt sich weiter; es mangelt an Spritzen, Schläuchen und Wasser. Meine Männer bewähren sich gut. Durch ein Treppenhaus legten sie einen Schlauch auf das Dach des Hinterhauses. Die Häuser stehen hier in der Altstadt sehr eng, das erschwert die Löscharbeit.

Eine Frau will in das Stadthaus; ihre Tochter ist dort in der Luftschutzzentrale. Sie traut sich nicht durch die brennende Straße. Ich will ihr helfen. Sie klammert sich fest an meinen Arm und wir kommen gut durch. Vor Freude über das Wiedersehen brechen Mutter und Tochter in Tränen aus. Nun geht es zum Markt. Die Westfront der alten Giebelhäuser ist schon niedergebrannt. Krachend stürzen die mittelalterlichen Häuser zusammen. Der ganze Markt steht voller Möbel, bei denen viele Menschen wortlos und verbittert verharren. Eine große Gefahr bilden die Kissen, Federbetten und Polstermöbel, die durch Funkenflug immer wieder kleine Brandherde werden.

Jetzt kommt das Feuer von der Altstadt her zum Neuen Markt. Ich bekomme mit Mühe eine Schlauchleitung unter dem Rathausdurchgang zu diesem Feuer hin, habe heftige Meinungsverschiedenheit mit dem Brandmeister, der zwei andere Rohre nicht abdrehen will, obwohl der Druck in meiner Leitung zu gering wäre. Durch den Einsatz dieser Leitung auf den Brand im Haus Waffenhändlers Schlüter neben dem Rathaus können wir dort das sich auf das Rathaus vordrängende Feuer löschen und das historische Bauwerk vor der Vernichtung bewahren.

Das Feuer greift immer weiter um sich.

Feuerwehren aus vielen Städten

Aus Sachsen ist das Leipziger Feuerlöschregiment in rasender Sturmfahrt über die Reichsautobahnen in sechs Stunden herbeigeeilt. Sie sind schon eine Stunde vor dem Fliegeralarm losgebraust. Auch aus Berlin, Hamburg, Leipzig und vielen anderen Städten sind

Feuerwehren, Sicherheits- und Hilfsdienst, Pioniere usw. herbeigeeilt, so daß wir uns die wohlverdiente Ruhe gönnen können.

Noch wüten die Brände. Die Altstadt ist verloren. Petrikirche, Petritor, Kuhtor, Steintor, Jakobikirche sind auch ein Opfer der Flammen geworden. Wertvolle Kunstdenkmäler unserer Vorfahren sind vernichtet. Unsagbares Leid ist über viele Familien gekommen, schon nach der ersten Nacht ist ein großer Teil der Bevölkerung evakuiert.

In der vierten Nacht wird die Zerstörung fortgesetzt. Wieder sind Wohnviertel das Ziel der Briten. Jedoch die zahlreichen Feuerwehren können die Brandherde lokalisieren. Seit Beginn der Angriffe herrscht ein harter Ostwind, der das Feuer immer wieder anfacht und weiterträgt. Auf Lastwagen und Pferdefuhrwerken werden die Betroffenen mit dem wenigen geretteten Hab und Gut in die Umgebung gefahren.

Wahrscheinlich werden die Briten in der nächsten Nacht nicht wiederkommen. Sie werden warten, bis ein großer Teil aufgeräumt ist, um dann ihr Zerstörungswerk fortzusetzen. Die Flugabwehr wird daher verstärkt, schwere Flak, Scheinwerfer, Horchgeräte, Sperrballone.

Wer Wind sät ...

Diese Maßnahme erwies sich als geboten, denn am 9. Mai 1942, 0.50 Uhr, lösen die Schüsse der 8,8-m-Flak Fliegeralarm aus. Vom Luftschutzbeobachtungsturm bietet sich ein grandioses Bild: Rund 60 Scheinwerfer werfen ihre Lichtstrahlen zum Himmel, so daß die Seestadt in einem Lichtdom liegt.

Bald zeigt sich im Schnittpunkt einiger Straßen ein silberner Punkt, der immer größer wird und sich zu vervielfältigen scheint. Dann erkennen wir 4motorige Halifaxbomber. Nun setzt ein wirklicher Schlachtenlärm ein. Es bellen die schweren Flakgeschütze, die Mündungsfeuer blitzen auf. Ober zerlegen sich nach der eingestellten Zünderlaufzeit die Granaten mit kurzem Aufleuchten und hartem Knall. Leuchtspurgeschosse der leichten Flak springen wie weiße Mäuse in den Nachthimmel hinein. In etwa 2.000 m Höhe zerlegen sie sich und erlöschen. Das Brummen der Maschinen durchdringt das Krachen der Granaten. Da! Ein 4motoriger Bomber im Tiefflug! Die Scheinwerfer haben ihn gepackt. Die leichte Flak schießt aus allen Rohren. Die Kanzel ist erleuchtet. Getroffen! Die rechte Tragfläche brennt. Ein Treffer neben dem anderen sitzt in der Maschine. Brennend rast der Bomber über die Dächer hinweg. Plötzlich sieht man etwa 10 Bomber zu gleicher Zeit sich lösen. Eine umgehende Detonation. Kurz darauf eine zweite Detonation mit einer riesigen Feuerwolke: die Maschine ist aufgeschlagen – etwa 500 m von unserer Kaserne entfernt.

Der nächste Morgen enthüllt eine grausige Ernte: 3 Flugzeuge wurden über dem Stadtgebiet abgeschossen, 4 zerschellten am Stadtrand, 12 in der Umgebung Rostocks. Einige versanken bei Warnemünde in der Ostsee.

Rostock hat diesmal wenig gelitten; denn die Bomben fielen zum Teil in freies Gelände oder in bereits zerstörte Straßen. Die Kriegsindustrie mit den Heinkelwerken blieb auch diesmal unbeschädigt.

Neunzehn Kampfmaschinen verlor der britische Verband bei diesem Angriff auf Rostock, ein Drittel der eingesetzten Maschinen.

„Unser Mecklenburg", 25. April 1962

Jedoch nicht nur nach den Lebenden trachteten die Bomben

Herbert A. W. Kasten

Schon lange bevor das blühende Rostock von den Bombengewittern des Frühjahrs 1942 zu Schutt und Asche sank, hatte der Krieg nach dieser ehrwürdigen Hansestadt getastet. Trafen die Bomben zunächst vereinzelt, Hornissenstichen gleich, auf Rostock, erlitt es am 12. September 1941 den ersten großen Bombenangriff, der in wenigen Minuten schwere Menschenopfer forderte und schmerzhafte Lücken in die Altstadt riß.

Das alles aber war nur ein unheilschwangeres Präludium für das Inferno, das im Frühjahr 1942 über die schutzlose Stadt hereinbrechen sollte. Obwohl es in der Nähe kriegswichtige Industrie gab (Heinkel, Arado, Bachmann, Neptunwerft usw.), man also damit rechnen mußte, daß Rostock feindliche Bomber anzog, fehlte es an jeglicher Flugabwehr.

So hatten denn die feindlichen Geschwader, als sie in der Nacht zum 23. April 1942 über Rostock erschienen, ein leichtes Spiel. Da sie überhaupt nicht behindert wurden, konnten sie niedrig fliegen und ihr Ziel in Ruhe ausmachen. Es ist kein Zweifel, daß sie nicht die kriegswichtigen Betriebe und die Kasernen, sondern die mit Zivilisten vollgestopften Stadtteile und vor allem die Altstadt mit ihren alten Kirchen und unersetzliche Baudenkmäler treffen wollten.

Bald stand die Altstadt in Flammen. Dicker Qualm quoll durch die engen Straßen und erschwerte die Rettungsaktionen. Schreien und Wimmern drang durch das infernalische Toben. Zwei Löschzüge der Feuerwehr sahen dem Wüten untätig zu; ihren Einsatz hatte sich der Gauleiter Hildebrandt persönlich vorbehalten. Aus dem alten Steintor loderte eine Feuergarbe zum Himmel. Wer an die Inschrift dachte: Sit intra te concordia et publica felicitas (Es herrsche in dir Eintracht und öffentliche Glückseligkeit), mußte sie als furchtbaren Kontrast zu dem brandroten Geschehen empfinden.

In der nächsten Nacht erfolgte ein neuer Überfall. Das brennende Rostock leuchtete weit durch die Dunkelheit und wies den Geschwadern den Weg. Wohl waren Flakeinheiten eilig herbeigeschafft worden; aber sie reichten bei weitem nicht aus, die Flieger wirksam zu behindern. Wieder fielen die Bomben. Wind peitschte die Flammen hoch, und in den engen Straßen wütete ein gewaltiger Feuersturm, der alles zerstörte, was ihm im Wege stand.

Flammen schossen aus der Frauenklinik in der Friedrich-Franz-Straße. Der alte Professor Büttner lief völlig verstört im weißen Mantel durch seine getroffene Klinik. Mit Mühe nur konnten Frauen und Mütter in eine andere Klinik hinübergerettet werden, die in der folgenden Nacht von den Flammen aufgefressen wurde.

Im Feuersturm krachten die beiden Stiftshäuser in der Ferdinandstraße zusammen und begruben zwölf alte Frauen unter sich.

Jedoch nicht nur nach den Lebenden trachteten die Bomben. Sie wühlten sich tief in den Boden des Alten Friedhofes und rissen die Toten aus ihrer Ruhe.

Entsetzen packte die Bevölkerung. Jeder schleppte – so gut er konnte – seine Habe aus der Stadt. In Scharen zogen allabendlich die Menschen aus den Toren, um nach der durchbangten Nacht in die Stadt zurückzukehren und – vor den Trümmern ihrer Häuser zustehen. Dieser allabendliche Flucht war es zu verdanken, daß die Zahl der Menschenopfer im Verhältnis zu den massiven Angriffen gering blieb.
Noch in der dritten und vierten Nacht wurde die tödlich getroffene Stadt heimgesucht…
Der Krieg hatte mit furchtbaren Prankenhieben zugeschlagen. Und als die Glut in den Straßen erträglicher wurde, irrten die Menschen über die Trümmer. Mit Spitzhacke und Spaten suchten sie nach ihren Angehörigen. In wieviel Städten sind die Menschen seither so über rauchende Trümmer gewankt! Mancherorts lagen in der schwarzen Schuttwüste ein paar Blumen. Sie schmückten ein unsichtbares Grab, das der grausige Totengräber Krieg gewählt hatte.
[…] *„Unser Mecklenburg“, 25. April 1962*

Zerstörte Gräber und Kapellen auf dem Alten Friedhof [jetzt Lindenpark] Web

Wehrmachts-Photoalbum

Name: Heinz Bredereke

Geburtsort und Tag: Jena 2. 5. 1920

In die Wehrmacht eingetreten: 1. Okt. 1940

Befördert: 1. 11. 41. z. Gefr. :

Auszeichnungen:

Aus der Wehrmacht entlassen:

Besondere Bemerkungen: 1. 5. 42. Verwundenabz. (schwarz)

Aus dem Tagebuch von Heinz Bredereke

Das Weihnachtsfest 1941 und Sylvester 1941/42 erlebten wir in der Flakstellung „Toitenwinkel". Es herrschte da eine Stimmung wie man sie nur unter Soldaten finden konnte. Man ging in das Jahr 1942 hinein und ahnten nicht, was uns bevorstand. Ein harter und schwerer Winter war zu überstehen, und manches Dach oder manche Baracke wurde vom Wind weggetragen. Bis es endlich wieder etwas wärmer wurde und der Feind damit auch öfter einflog. So konnten auch wir den Grossangriff im April auf Lübeck von unserer Stellung aus beobachten. Jeder von uns hatte den Wunsch auch einmal einen richtigen Angriff mitzuerleben, wieder einmal richtig zu schiessen. Oft wurden wir des Nachts herausgejagt, aber der Tommy machte um Rostock einen Bogen.

Am 23. zum 24. April hatten

wir Fliegeralarm wie schon so oft. Es war aber schon kurz vor 1 Uhr, als auch in Rostock Alarm gegeben wurde. Ja, unser Seitenrichtmann hatte eine Maschine aufgefasst und die ersten Geschosse flogen dem Engländer entgegen. Das Feuer musste gut gelegen haben, denn der Gegner drehte ab. Es dauerte eine Weile und wir glaubten schon damit unsere Pflicht getan zu haben. Da mit einem Mal wieder eine Maschine, nein zwei, fünf, zehn und mehr Maschinen. Jetzt wussten wir, dass der Engländer auf Rostock einen konzentrierten Grossangriff angelegt hatte. Vier schwere Batterien der Flakartillerie mussten gegen einen stark überlegenen Feind kämpfen. Tatsächlich gelang es uns, eine Stunde lang den Feind vom Ziel abzudrängen. Dann kurz nach zwei Uhr fielen die ersten Bomben auf die Stadt. Nach halb vier Uhr war der Kampf zu Ende, und nur die Stadt zeigte das Bild eines Grossangriffes.

Am Morgen des gleichen Tages wurden die Geschütze und Geräte gereinigt, Munition aufgefüllt. Am Tage über war der Gesprächsstoff des Angriffes an erster Stelle, dabei erfuhren wir, dass in dieser Nacht zwei Engländer abgeschossen wurden.

In der Nacht vom Freitag zum Sonnabend, den 24. zum 25. April kam der Tommy fast um die gleiche Zeit wieder. In der Stadt loderten noch die Brände vom letzten Angriff. Nun hatte es der Engländer leicht, denn das Ziel für ihn waren die Brände vom letzten. Angriff. Unaufhaltsam fielen Bombe um Bombe auf die Stadt Rostock und unsere Batterie hatte fast tausend Schuss in den Himmel gejagt. Drei der rund sechzig angreifenden Engländer wurden brennend abgeschossen. Um die gleiche Zeit wie die letzte Nacht zog der Feind wieder ab. Aber sein Ziel hat er nicht erreicht. Weder bei „Heinkel" noch in der „Neptunwerft" ist eine Bombe gefallen. Um unsere Stellung flogen die Erdfontänen und alles brannte lichterloh. Getroffen wurde nur die Bevölkerung, deren Häuser und Wohnstätten ausbrannten und die nur ihr nacktes Leben retten konnten.

Am Sonnabend hiess es wieder arbeiten. Geräte und Geschütze mussten wieder für den nächsten Kampf fertig gemacht werden. Die Geschosshülsen wurden gegen neue Geschosse ausgetauscht. Jeder wusste und sagte, heute kommt er wieder. Und tatsächlich, um halb ein Uhr heulten die Sirenen zum dritten Mal und wir hatten schon wieder über fünfzehn Maschinen im Entfernungsrohr. Wieder bellten die Geschütze ihr altes Lied und wieder flog Granate um Granate gegen den Feind. Das Feuer wurde durch die Bomben frisch aufgestagelt und der Engländer lies aus allen Höhen seine todbringenden Bomben auf die Frauen und Kinder fallen. Gegen drei Uhr krachte es in unserer Stellung, gerade wo von uns eine der drei Maschinen abgeschossen wurde. Pulverqualm mischte sich zwischen die frische gesunde Luft. Wir wussten, dass diese Luftmine mitten in die Messstaffel ging. Erst als der Qualm sich verzogen hatte, konnten wir den Kameraden helfen. Es dauerte nicht lange und wir hatten neun Tote festgestellt. Der Sanitäter wurde selbst durch zwei Bombensplitter - die durch den Stahlhelm gingen - verletzt. Nachdem wir den Sani verbunden hatten, tat er seine Pflicht und achtete nicht auf das Blut, was ihm über das Gesicht rann. Nachdem er alle notdürftig verbunden hatte, kam auch schon der Arzt. Von uns bekam der Gefreite Kepper eine Spritze und sagte danach kein Wort, er schlief für immer ein. Nun brachten wir die Verwundeten zur Kantine wo sie mit dem LKW ins Krankenhaus gebracht wurden. Ich selbst wurde leicht verletzt und fuhr mit der zweiten Rate. Es wurden ein paar Eimer Wasser und Sand auf den Wagen mitgenommen, dann ging es durch die brennende und mit Qualm und Rauch gehüllte Stadt. Öfter mussten wir durch Häuserfasaten fahren, da die Strassen mit Trümmern und Möbeln überschüttet war. Eh ich aus dem Krankenhaus ging, hatte ich mich nach meinen verwundeten Kameraden erkundigt. Es wurde mir gesagt, dass der Gefreite Kepper nach der Operation garnicht wieder aufgewacht ist, während beim Obergefreiten Bönick das rechte Bein abgenommen werden musste. Nun gingen wir zu dritt zu Fuss zur Stellung zurück. Einer musste den andern stützen, aber keiner traute hochzuschauen, denn rechts und links umsäumten uns nicht die alten schönen Bauten der Seestadt, sondern Ruinen und brennende Häuser und Kirchen. Es was inzwischen morgens acht Uhr geworden aber keiner sagte, heute ist Sonntag, heute soll man uns in Ruh lassen. Sondern die Parole hiess: Heut nacht wird wieder geschossen. Die zerstörten Messgeräte - das Kommandogerät und F.M.G.- wurden aus der Stellung gezogen um neuen Geräten Platz zu machen. Munition wurde wieder geschleppt, genau so wie die Tage zuvor. Die Geschütze wurden klar gemacht für die kommende Nacht. Kabel wurden geflickt und keiner hielt die Mahlzeiten ein. Bis spät in die Nacht hinein wurde gearbeitet.

Um zwölf Uhr Nachts wurde noch

das neue Kommandogerät 40 in Stellung gebracht und um ein Uhr schoss die Flak drei Warnschüsse in die Luft. Fliegeralarm! Die vierte Nacht musste die Bevölkerung der Seestadt Rostock miterleben. Eine neue Nacht des Grauens und der Ungewissheit. Inzwischen waren wieder zwei neue schwere Batterien hinzugezogen worden. Mit sechs Batterien wurden die rund dreizig Maschinen in dieser Nacht empfangen. Die Feuerwehren konnten die Brände nicht löschen, sondern so gut wie möglich nur eindämmen. Wieder heulte eine Granate nach der anderen in die Luft. Nach dreistündigen harten Kampf und gegen eine Übermacht wurden drei Engländer abgeschossen.

Es wurde wieder morgen und wieder wurden Geschütze und Geräte gereinigt, sowie Munition geschleppt. Nur rings um uns brannte es noch lichterloh und man brauchte bald acht Tage um diese Brände zu ersticken. Obwohl wir in den kommenden Tagen und den Nachts öfter heraus muss-ten, fiel aber kein Schuss weiter.

Am Donnerstag, den 30. April 1942 wurden die zehn Kameraden auf dem Heldenfriedhof in Rostock beigesetzt. Von meiner Bedienung waren es Uffz. Falke, Ogefr. Niemann, Gefr. Kapper und Kan Stawarsch. Von der BI weitere sechs Kameraden.

Am Dienstag, den 5. Mai 1942 machten wir Stellungswechsel nach der Stellung „Sievershagen" bei Rostock.

Vom Freitag zum Sonnabend, den 8. zum 9. Mai heulten abermals die Sirenen, soweit sie wieder in Ordnung waren. Wieder heulten die Geschosse dem Feind entgegen und die Geschütze bellten das gleiche Lied wie im „Totenwinkel". Ich hatte in jener Nacht nicht viel zu tun und konnte so die Wirkung beobachten, denn nicht weniger wie rund 18 schwere Batterien bellten ihre todbringenden Garben an den Feind. In kaum fünf Minuten kamen drei der Angreifer brennend herunter. Damit war der Kampf noch nicht entschieden, nun versuchten die zum grössten Teil viermotorigen Maschinen die Sperre zu durchfliegen und in allen Höhen anzugreifen. Aber auch unsere leichten Waffen waren genau so aufmerksam wie jede andere Waffe und Gerät. Immer wieder war eine neue Maschine im Lichtkegel unser Scheinwerfer, immer wieder fiel eine Feindmaschine als Brandfackel zu Boden. War es einer Maschine gelungen über den Stadtkern zu kommen, so versuchten sie in zehn m Höhe wieder den Ring von Geschossplittern zu durchfliegen. Der Kampf flaute langsam ab, nur in weiter Ferne konnte man noch die detonation der Bomben hören. Drei

Stunden waren vergangen und der Feind hatte neunzehn Maschinen verloren. Dann hatten wir Ruhe sowie die Bevölkerung, die sie vor allem brauchte.

Am Sonntag, den 10. Mai suchten wir eine der inzwischen auf ein und zwanzig gestiegenen Maschinen. Dort fanden wir noch alles vor und nur ein Mann von neun lag mit schweren Brandwunden neben der Maschine. Während die übrigen acht kein Lebenszeichen mehr von sich gaben.

Am 20. also nach zehn Tagen wurden unsere Erfolge und Abschüsse gewürdigt in Form von Auszeichnungen.

Weihnachten 1941 in Stellung Toitenwinkel *Bre*

Silvester 1941/42 *Bre*

Blick auf die Stadt, 24. April [im Vordergrund Gymnasium Lindenstr.] Bre

Blick zum Theater, 24. April Bre

Petrikirche mit -tor, 24. April [nach dem 27. April – hier irrt Bredereke]

Bre

Kuhstraße, 24. April [im Vordergrund Fischerstr.]

Bre

Güterbahnhof mit Heinkel, 24. April Bre

Nikolaikirche, 24. April [wurde erst vom 24. zum 25. April zerstört] Bre

Blick zum brennenden Hafen, 24. April Bre

Blick zum brennenden Hafen, 24. April Bre

Güterbahnhof mit Nikolaikirche, 25. April Bre

Blick auf Gehlsdorf, 25. April Bre

Noch stehen die Speicher, 26. April [Bredereke irrt, die Speicher wurden auch später nicht zerstört] Bre

Blick auf Stadt und Theater, 26. April Bre

Hafenstraße, 26. April [Schulhof der Blücherschule Lindenstr. Eine Hafenstraße hat es in Rostock nicht gegeben.] Bre

Gaswerk, 26. April Bre

Stadt bei Nacht, 26. April [Flakstellung im Vordergrund] Bre

Zerstörte Baracken durch den Luftdruck, 26. April Bre

Volltreffer in die Meßtafel, Bombentrichter, 26. April Bre

Bombenstelle, 26. April Bre

Zerstörtes Gerät, FMG, 26. April Bre

Kommando-Gerät, 26. April Bre

Kleidungsstücke von toten Kameraden Bre

Totenwache, 26. April Bre

Altstadt, 27. April [Steintor-Vorstadt] Bre

Altstadt, 27. April [Steintor-Vorstadt] Bre

Beisetzung der zehn Kameraden *Bre*

Bre

Bre

Bre

Bre

Bre

Uffz. Karl Falke, 30. April Bre

Obergefr. Alfred Niemann, 30. April Bre

Gefr. Otto Lepper, 30. April Bre

Kann. Wilhelm Stawasch, 30. April Bre

Einer von Neunzehn, 9. Mai 1942 [Abgeschossener Bomber] Bre

Chef: Hauptmann Vierlein Bre

Major Haberland spricht seinen Dank aus Bre

EK II für Lt. Lehmann Bre

Rostock im Feuersturm
Momentaufnahmen von Häusern, Straßen und Menschen

Dritter und vierter Terror-Angriff auf Rostock
Nachrichten aus dem Rostocker Anzeiger

Rostock erlitt in der Nacht zum Sonntag den dritten unmittelbar aufeinanderfolgenden Luftangriff, der wesentlich schwerer und auch folgenschwerer war als die ersten beiden. Wieder kamen die britischen Flieger in der mondhellen Nacht zwischen 1 und 3 Uhr morgens, und wieder ließen sie ungezählte Brandbomben, Sprengstoff-Kanister und Sprengbomben auf unsere schon zweimal heimgesuchte Stadt niederregnen. Alle finsteren Gestalten der Hölle schienen entfesselt zu sein. Trotz starker Flakabwehr gingen die britischen Bomber im Tiefflug zum Angriff über, und ohne Pause schütteten sie ihre teuflische Last wahllos über das ganze Stadtgebiet. Rostock schien in einem einzigen Flammenmeer untergehen zu sollen. Während die schweren Maschinen über die Dächer brummten, die Brandbomben zischten, die Sprengbomben rauschten und reihenweise mit lautem Getöse ringsum einige der schwersten einschlugen, verbrachten die Rostocker wahrscheinlich die schwersten Stunden ihres Lebens wehrlos in den Kellern ihrer Häuser oder in den Luftschutzbunkern.

Die Schäden in der Nacht zum Montag

Zum vierten Male suchte in der Nacht vom Sonntag zum Montag der Brite unsere Seestadt heim. Noch sind die Wehren der Feuerlöschzüge in einzelnen Teilen mit der Niederkämpfung immer wieder aufflackender Brände beschäftigt, da brausen die britischen Mordbomber abermals über die Stadt, um ihr in den drei vorangegangenen Nächten begonnenes, aller Menschlichkeit hohnsprechendes Vernichtungswerk systematisch fortzusetzen. Rund eine Stunde lang warfen die britischen Bomber wieder Spreng- und Brandbomben in großen Mengen ab auf die Wohnviertel der Bevölkerung, auf Kulturstätten, Kirchen, Schulen, Krankenhäuser und Geschäftshäuser der Altstadt und weiter hinauf bis zum Komponistenviertel. Wieder fielen diesem Bombenterror der Briten die Wohnstätten unserer friedlichen Bevölkerung zum Opfer. Gluthell erleuchtet ist der Himmel von dem Widerschein der in hellen Flammen stehenden Geschäftshäuser vom Hopfenmarkt entlang des Blücherplatzes und im Zuge der Kröpeliner Straße. Eine Sprengbombe trifft das Druckerei- und Verlagsgebäude des Rostocker Anzeigers, und gleichzeitig fallen Brandbomben und Kanister auf die rechts angrenzende Apotheke und die links nach der Kröpeliner Straße sich anschließendem großen Geschäfts- und Kaufhäuser. In wenigen Minuten stehen sie in hellen Flammen, die sich durchfressen und auf die übrigen an dieser Straße liegenden Geschäftshäuser übergreifen. Das Kaffee Flint, die bekannten Gaststätten „Wintergarten“

und „Sternberg“ werden von dem Feuer ergriffen, gegenüber das Bankgebäude der Commerzbank und der Ufa-Palast, Rostocks schönste und größtes Lichtspieltheater. Das verheerende Element wütet, bis einzelne dieser Häuser trotz des unermüdlichen Einsatzes der Wehren und vieler Hilfskräfte der Organisationen der Partei bis auf die Umfangsmauern niederbrennen.
Die schöne alte Petrikirche ist bald darauf in Flammen eingehüllt, ihr Turm, der höchste Rostocks, stürzt in sich zusammen und wenige Zeit später züngeln die Flammen auch aus der Spitze der Jakobikirche und greifen über auf den ganzen Dachstuhl.

Unablässig sind die Wehren bemüht, das Feuer zu bekämpfen, aber seine Macht ist größer als der menschliche Wille, zu retten. Das ist ein ganz systematisches Vernichtungswerk der Briten, das lediglich die arbeitsame Bevölkerung unserer Stadt treffen sollte. Und wie wir das schon von den Angriffen des Feindes in den drei Nächten zuvor gewohnt waren, so werden auch in dieser Nacht die Zeichen des Roten Kreuzes nicht beachtet. Auf die als Lazarett eingerichtete Knabenmittelschule prasseln die Brandbomben dieser Mordbrenner, und auf das Lazarett in der Augustenschule, ebenso auf die Hautklinik wie in der Nacht zuvor auf die nur wenige Minuten entfernte Medizinische Klinik, die beide Raub der Flammen wurden. Das Ständehaus wird von Bomben getroffen und schwer beschädigt, das schöne alte Rathaus, das Wahrzeichen der sieben Türme unserer Stadt, wurde von Brandbomben getroffen, die den linken Teil über dem seitlichen Durchgang durch Feuer in seinem Innern zerstören. Dem sofortigen Eingreifen der Wehren gelang es, hier das Feuer auf seinen Herd zu beschränken. Die letzten Habseligkeiten, die die obdachlos gewordene Bevölkerung im Rosengarten abgestellt hatte, vernichteten die Briten durch ihren Terror.

Rostocker Anzeiger, 29.4.1942

Neuer Markt, Ostseite *Hei*

Meine Erlebnisse in den Bombennächten 1942

Inge Vick

Da ich mich in meiner Ausbildungszeit einer Blinddarm-OP unterziehen musste, bekam ich vier Wochen Sonderurlaub. Dadurch bekam ich die Bombennächte auf Rostock in der Wokrenterstr. 34 voll mit. Am 25.4. war der erste Angriff. Die Altstadt wurde mit vielen Brandbomben belegt, auch Sprengbomben waren dabei. Wir saßen in unserem Gewölbekeller, Vati suchte immer wieder unseren Dachboden und den Hof nach Brandbomben ab. Und wirklich fiel eine Brandbombe in unseren Schuppen, wo Holz und Kohlen lagerten. Vati hinein, die erst leicht brennende Stabbrandbombe am Stiel gefasst und auf den Hof geworfen. Dort konnte sie zu Ende brennen, ohne Schaden anzurichten. Plötzlich rannte der Blockwart von Keller zu Keller und rief: „Die Lagerstraße 41 brennt! Ist hier einer aus dem Haus?“ Nach 4 Stunden war Entwarnung und wir krochen glücklich in unsere Betten.

Meiner Mutter war es in unserem Keller nicht sicher genug, sie glaubte in der Langen Straße mit hohem Haus darüber sei es sicherer. Als nun am nächsten Abend Fliegeralarm war, hieß es, schnell anziehen und mit in den neuen Keller. In zwei Wellen wurde angegriffen, dieses Mal auch noch mit Luftminen. Immer wenn es so unheimlich pfiff, sagte mein Vater laut: „Was man hört, trifft einen nicht!“ Er hatte genug Erfahrung aus dem 1. Weltkrieg. Plötzlich gab es einen gewaltigen Knall, das Licht ging aus und Sand und Dreck verklebte unsere Gesichter. Erst einmal war es völlig still. In dieses Dunkel hinein hörte man die verschiedensten Reaktionen: „Den Durchbruch zum Nachbarhaus öffnen!“, „Kerzen anzünden!“, „Meine schönen Möbel im Schuppen!“. Viele beteten das „Vater Unser“ oder jammerten nur leise. Vom Nachbarhaus wurde der Durchbruch geöffnet, wir riefen einander zu, ob alle noch lebten und was nun zu tun sei. Einige Männer gingen nach oben und so langsam kam Klarheit in die ganze Angelegenheit. Eine Luftmine war an dem Haus vorbeigesaust und an der Ecke Lange Str./Breite Str. detoniert. Von den Eckhäusern waren die Wände wegrasiert – man konnte in die Wohnungen schauen – und dem Dr. Dankwardt, der seiner Frau aus dem 2. Stockwerk eine Jacke holen wollte, hatte der Luftdruck die Lunge zerrissen. Als Splittersicherung waren überall große Kästen mit Sand vor die Kellerfenster geschoben worden. Da alle Fensterscheiben in der Straße kaputt waren, auch unser Kellerfenster, war der Sand in unseren Luftschutzkeller gewirbelt worden, daher der viele Staub und Dreck. Das Haus über uns stand und wir konnten nach gut vier Stunden den Keller verlassen. Allerdings gab es weder Strom noch Wasser. Wir liefen hinüber zur Wokrenterstraße und wunderten uns über viele runde Löcher im Pflaster. Kurze Zeit später war die Straße abgesperrt, weil das alles Blindgänger waren. Unser Haus stand noch, aber an Bettruhe war nicht zu denken. Es brannte an allen Ecken und Wasser zum Löschen gab es nicht. Die Feuerwehr legte Schläuche in die Warnow, aber das reichte ja nur einige 100 Meter. Unsere schöne Koßfelderbrücke brannte lichterloh, was sich gespenstisch schön im Wasser spiegelte, von einem Haus ging der Brand auf das nächste über. Der große Speicher Cords, Ecke Burgwall, wurde auch für uns brenzlich. Dort lagerten die großen Rollen für den „Rostocker Anzeiger“, die bei dem Verbrennen große glühende Fetzen bildeten, die bis zu unserem Haus flogen. Bei Hahns war eine kaputte Fensterscheibe mit einem alten Morgenrock verstopft worden und der brannte schon bis zum Holzkreuz des Fensters. Wenn die Männer aus dem Haus nicht überall aufgepasst hätten, unser Haus wäre auch ein Opfer der Flammen geworden. Vati stand immerzu auf dem Boden, dort waren gefüllte Wassereimer und Feuerpatschen, damit löschte er den steten Funkenpflug. Inzwischen kam Irma, meine Schwester, völlig aufgelöst zu uns. Sie wohnte in der Babststraße und die Einwohner dieser kleinen Häuser gingen irgendwo in die Keller, sie war ganz allein gewesen. Nun war sie glücklich, uns alle lebend wiederzusehen. Max war seit dem 1.4. zur Rekrutenausbildung in Schlesien. Wir durften nicht in den Wohnungen bleiben wegen Brand- und Rauchgefahr, da fand sich alles im Hafengelände zusammen. Dort lagen einige Handelsschiffe, auch ein dänisches. Als Mutti und Irma sich mit den Seeleuten unterhielten, gaben sie uns Zuckerei und warme Getränke. Sie wollten uns sogar mitnehmen und waren heilfroh, um 8.00 die Stadt verlassen zu können. Die Brände loderten weiter, die schönen alten Backsteinbauten fielen zusammen, in den Trümmern wurde nach Überlebenden gesucht und die Menschen rannten wie kopflos umher. Als ich zu unserer Straße schaute, entdeckte ich in der Strandstraße eine Frau, die das Fenster öffnete und einen Staublappen auswedelte. Das war für mich wie von einem anderen Stern. Irma meinte, die wüßte gar nicht, was sie tut. Nun hieß es, alle Frauen und Kinder sollten hinaus aus der Stadt, egal wohin. Irma ging mit mir zu sich nach Hause, um noch Sachen zu holen und dabei konnte sie einen kleinen Ziehwagen leihen. Nun packten wir einiges zusammen, sagten Vati schweren Herzens auf Wiedersehen und los ging es zu Ilse Loheit, einer Klassenkameradin und Freundin aus der LBA (Lehrerbildungsanstalt, wie sich unsere Einrichtung jetzt nannte), die in Nienhusen wohnte, 15km von Rostock entfernt. Schwierig war es, den Wagen über die Trümmer und Schläuche zu bugsieren, zwischen geretteten Möbeln und noch brennenden Häusern. Die Schwaaner Chaussee war voller Menschen und so trafen wir auch Mutter und Tochter Rothschild aus unserer Straße. Da wussten sie noch nicht, dass ihr Mann nicht mehr lebte. Er hatte einen kleinen Lieferwagen und ein Klempner aus unserer Straße hatte ihn gebeten, seine alte Mutter aus der Stadt zu fahren. In dem Gepäck der alten Dame waren streng rationierte Lebensmittel gewesen, Schinken, Hartkäse, Würste, und als der Wagen angehalten und durchsucht wurde, leugnete die Frau, das gehöre ihr nicht. Daraufhin wurde Herr Rothschild wegen Plünderns erschossen. Da Ausnahmezustand war, konnte das sofort geschehen ohne Überprüfung.

Wir drei wurden bei Loheits sehr freundlich aufgenommen, man konnte die Rauchwolken von Rostock bis dort sehen. In der nächsten Nacht schliefen wir tief und fest, Rostock wurde die 3. Nacht bombardiert, nicht mehr so sehr die Altstadt, so dass auch Vati mehr Ruhe hatte. In der 4. Nacht wurden hauptsächlich die Heinkelwerke, das Gaswerk und Arado bombardiert. Die Auswirkungen waren furchtbar.

Von der Langen Straße stand kaum noch ein Haus. Die Bomber hatten das wohl für die Kröpeliner Straße angesehen, dort war wenig zerstört, Uni und Barocksaal blieben unversehrt, nur die Kaufhäuser Zeeck und Wertheim wurden beschädigt und das gegenüberliegende Kino Schauburg. Dafür waren die Steinstraße, die Gebäude am Neuen Markt und die dahinterliegende Altstadt mit Petri- und Nikolaikirche fast völlig zerstört. [...]

Irma musste nach fünf Tagen wieder nach Rostock zur Arbeit. Ich half ihr mit dem Ziehwagen bis Stäbelow, dann zog sie allein weiter. Mutti wurde am 4. Mai von Vati abgeholt. Für Ilse und für mich ging am 2.5. unsere Ausbildung in Neukloster weiter. Wir wurden vom Knecht Willi mit dem Pferdewagen die 12 km bis Schwaan gebracht und eigenartiger Weise waren alle schrecklichen Erlebnisse wie vergessen. Uns erwartete in Neukloster ja so viel Neues. Kriegszeiten gehen mit so viel Herzlosigkeit und Gefühlskälte zusammen, es ist unglaublich. In den Zeitungen waren täglich zwei bis drei ganze Seiten voll mit Todesanzeigen gefallender Soldaten. Da schaute man hin und sagte vielleicht: „Ach, der nun auch", oder, „Das war der einzige Sohn und Erbe, das ist schlimm." Wenn es hieß, unter den Trümmern liegen 11 Tote, sagte man: „Ach Gott, es werden immer mehr". Das Mitgefühl wurde stetig schwächer. Kriege sind die schlimmsten Erlebnisse für die Menschen. Ich bin so froh darüber, dass meine Kinder und Enkel so viel Leid nicht erleben mussten. Für sie und meine Urenkel wünsche ich eine gute und friedliche Zukunft.

Lange Straße 70-71 *Sad*

Auf Plünderei steht der Tod

Das Schicksal der Marie-Luise Buckow

Mein liebes Mütterlein!

Ich will Dir meine Tat schreiben. In der Nacht von Freitag auf Sonnabend war in Rostock ein Großangriff, das Haus brannte völlig nieder, doch wurden meine Sachen gerettet. Alles wurde in Säcke gestopft, schmutzig. Wir mußten das Haus räumen. Meine Handtasche war weg, nun kam ich in Not, wie kommst du nach Hause. Ich fand in dem Luftschutzkeller von den Nachbarn eine Handtasche. Daraus nahm ich RM 70,–. Aus Not tat ich es. Ich wollte aus Rostock raus. Dann kamen die Leute von der Polizei und ich kam mit meinen Sachen dorthin, wurde hier untersucht, wobei sie das Geld fanden. Dann kam ich zum Gerichtsgefängnis am Sonntag. Heute – Montag – musste ich noch in der Küche helfen und heute Nachmittag bin ich zum Tode verurteilt. Heute abend 9 Uhr wurde ich mit dem Auto nach Bützow/Dreibergen gebracht. Jetzt stehen überall Zettel dran, wer plündert, wird erschossen, ich aber wußte es damals noch nicht. In den Schaufenstern haben die Leute alles geplündert, die werden alle erschossen. Es ist so, wie Du damals gesagt hast. Ganz Rostock ist ein Trümmerhaufen, alles Schutt und Asche. Ich hätte ebensogut dort umkommen können. Die Leute ziehen auf den Straßen wie Handwerksburschen, nur das nackte Leben. Jetzt bereue ich meine Tat. Ach, die Not trieb mich dazu. Nun hörte ich, man könne auch ohne Geld nach Hause und wenn zu Fuß. Hätte ich es nicht getan! Zwei Nächte kamen sie noch in Rostock, dann bleibt nichts mehr nach. Wo Tante Hertha steckt, weiß ich nicht. Alles weg, auch Tante Martha. Auf den Flugblättern stand, sechs Tage wollte er kommen, dann wäre Rostock erledigt. Ich habe immer an Dich gedacht. Wir haben was ausgehalten. Du hast gewiß schon auf Post gewartet, doch dies ist ein Abschiedsbrief.

Mein liebes Mütterlein, darfst nicht traurig sein. Wollte Dir diesen Kummer nicht machen. Der Rechtsanwalt wollte die Sache in Geldstrafe machen, doch jetzt braucht er es nicht mehr. Der mag ja auch schon weg sein. Vielleicht kommt er in meine so geliebte Heimatstadt ja auch noch, der Tommy. Dann kippen die Häuser von selbst. Du hättest es nur miterleben sollen hier. Liebe, gute süße Mutti, Du warst so gut zu mir, ich danke Dir noch für alles herzlich. Du hast es nicht verdient, wollte es auch nicht.

Deine zwei Briefe habe ich erhalten. Ich folge Heini bald. Traurigkeit, o, Herzeleid. Wäre der Krieg nicht, so wäre alles nicht. Ich erlebe Kriegsende nicht mehr. Heini kehrt auch nicht wieder. Tante Anna und Du , liebes Mütterlein, in so einem Schmerz. Ach, das Leben ist hart.

Die Uhr ist 10, morgen früh ¾ 6 hört für mich das Leben auf. Zu mir kommt ein Pastor auf Wunsch von mir. Der gibt mir die letzten Worte, dann ist mein Leben aus. Grüße noch alle zum letzten Mal von mir. Oma, alle hatte ich gern. Was wird Gerda sagen und wird sie in Sternberg sein? Die Sachen von mir stehen auf dem Amtsgericht oder Polizei. Mein neuer Hut sollte nicht für mich sein. Wäre der Krieg doch zu Hause geblieben. Meine Ruhestätte wird wohl hier sein. Wir sahen uns zuletzt in Rostock vor 8 Tagen.

Meine gute Mitt, verzage nicht, halte Dich tapfer! Für alles, was Du mir getan hast, bin ich Dir dankbar. Verzage nicht Mütterlein. Den Gefallen tue mir und nehme ich auch mit auf den letzten Weg. Tröste Dich mit allen Leuten, deren Söhne im Felde bleiben und deren Kinder bei Fliegerangriffen umkommen. Es hat so sollen sein.

Ich war kopflos, wie alles brannte. Ich stand auf der Straße und wollte zu Dir. Kein Geld hatte ich. So vollbrachte ich meine Tat. Ich bin in Dreibergen-Bützow (Strafanstalt), falls Du schreiben willst, wo ich liege und Du mich besuchen willst. Ich bitte den Pastor noch, er soll an Dich schreiben. An meinem Grabe wirst Du dann stehen und wir werden uns wiedersehen. Sitze nie allein, Mütterlein, gehe in Gesellschaften, wo Du Zerstreuung hast. Oder fahre nach Güstrow.
Ich werde keine Schmerzen haben, sei in der Hoffnung, ich schlafe ruhig. Nun mein teures Mutterherz, sei zum letzten Mal gegrüßt und einen Abschiedskuß von Deiner Dich liebenden Tochter Mariechen.

Liebes Mütterlein! Habe soeben das heilige Abendmahl geben lassen. Habe meine Sünde vergeben. Die Oberin sagte mir eben, wenn Du nähere Auskunft über mich haben willst, so möchtest Du an sie schreiben oder könntest an einem Sonntag rüberkommen.

Adr.: Oberin Nielsch, Strafanstalt Dreibergen-Bützow.
Heinkel brennt auch.
Ich bitte Dich, an die Oberin zu wenden. Ich war tapfer bis zur letzten Stunde. Nun den letzten Gruß.

Die Abschrift stimmt mit der Urschrift überein.
(Siegel)
Unterschrift
Schwerin, 23. 9. 1964

Nach Durchsicht der Liste der Hingerichteten 1942 dürfte es sich um eine am 17.2.1923 geborene Marie-Luise Bukow handeln.
Sie war also 19 Jahre alt, als sie am 28.4.1942 um 6 Uhr morgens hingerichtet wurde.
Gez. Bruhns
Abschrift von Abschrift

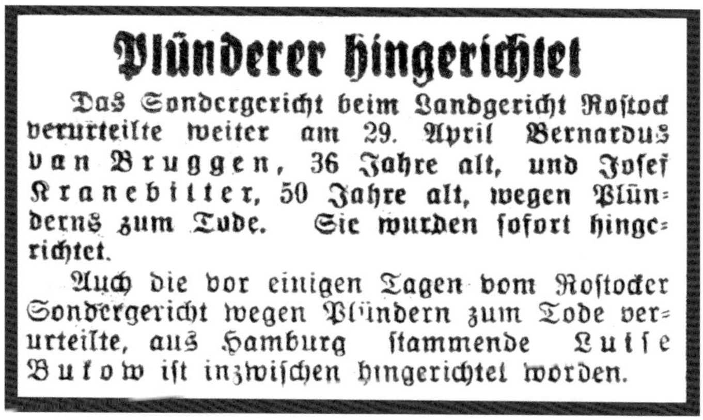

Plünderer hingerichtet

Das Sondergericht beim Landgericht Rostock verurteilte weiter am 29. April Bernardus van Bruggen, 36 Jahre alt, und Josef Kranebitter, 50 Jahre alt, wegen Plünderns zum Tode. Sie wurden sofort hingerichtet.

Auch die vor einigen Tagen vom Rostocker Sondergericht wegen Plündern zum Tode verurteilte, aus Hamburg stammende Luise Bukow ist inzwischen hingerichtet worden.

Weh

Ulrich Prehn an seine Frau in Güstrow

[Rostock,] den 27.4.42

[...] hast Du ja erfahren, dass ich noch lebe und gesund bin, auch von meinen Kameraden ist noch niemand verletzt. Was wir hier in den letzten 4 Nächten erlebt haben, ist so furchtbar und grausig, dass man es einfach nicht schildern kann. Man muss tatsächlich zu einem Gott beten, dass er es gnädig mit einem meint. Nach Aufhören des Bombardements haben wir uns sämtlich an dem Rettungswerk beteiligt und jeder tat seine Pflicht. Ich habe aus einem LS-Keller mit der SA und anderen Kameraden mit Gewalt ca. 80 Personen herausgeschmissen, weil alles ringsum brannte und die Leute weigerten sich, den Keller zu verlassen, recht traurige Szenen spielten sich ab.

Dann ging es ins Ständehaus, um dort einen ausgebrochenen Brand zu löschen. Bei der Fa. Bull retteten wir eine große Menge Uniformsachen, Stoffe, bei Wollschlägers holte ich mit 2 Kameraden noch den Radio-Apparat und Plattenspieler sowie die Garderobe und Betten heraus. In einem Nebenkeller eines eingestürzten Hauses machten wir den Versuch, Verschüttete zu bergen, ist aber nicht gelungen. Man kam einfach nicht heran und heute leben die Leute längst nicht mehr. Hierbei war ein Wasserrohr geplatzt, so dass wir tief im Wasser wateten. Auch an unsere eigene Unterkunft [Baracke Johannisstr.] mussten wir denken. Wir haben sie bis heute erhalten, während rings um uns alles abgebrannt ist. Aber geräumt haben wir 2-mal und wieder eingeräumt. Heute morgen aber endgültig alles in den T. geschafft. In ca. 20 Meter – 50 Meter um uns sind 5 Bomben eingeschlagen. Sämtlich in Häuser hinein. Die letzte Nacht

Nordseite des Blücherplatzes Mik

[...] musste ich das Bombardement in den Barnstorfer Anlagen hinter einem Baum über mich ergehen lassen, aber lange hielt ich es nicht aus, in Sprüngen flüchtete ich weiter bis zum Schiesstand, um wenigstens Schutz vor Splittern zu haben, es war furchtbar. Der Himmel zuckte von Blitzen und erhellte den Wald taghell; dazwischen die Leuchtspurmunition und das unaufhörliche Rollen des Geschützdonners mit den hellklingenden knatternden Detonationen der in der Luft berstenden Flakgranaten vermischt mit den dumpftönenden Sprengbomben, es war ein höllisches Konzert. Von den großen Gebäuden sind vernichtet durch Brandbomben die Hauptpost, der Bahnhof, das Theater, Steintor, Petritor mit Kirche, Nikolaikirche, das alte Krankenhaus am Schröderplatz, 2 Schulen, sämtliche Gebäude links und rechts von der Reichsbank, die Gasanstalt fast ganz. Am Aussenrand der Stadt sind noch einige Strassen unversehrt, das heisst nicht eingestürzt oder abgebrannt, aber keine Fenster gibt es mehr, die Türen sind zum Teil durch den Luftdruck herausgerissen. Die Steinstrasse sowie alle Strassen um den Markt herum sind nur ein Trümmerfeld, ebenso der grösste Teil der Friedrich Franzstrasse, Paulstrasse. Es hat keinen Zweck, alle aufzuzählen, es sind nicht mehr viele, die überhaupt noch stehen.

Die ganze Stadtbevölkerung befindet sich auf der Flucht, keiner will bleiben. Onkel Karl und Trude sind ebenfalls fort. Die alte Tante Günther ist in der vorletzten Nacht aus dem brennenden Haus gerettet, wie es in dieser Nacht verlaufen ist, weiss ich nicht. Von Teeglers habe ich auch nichts gehört. Meine [...] ist unter den Vermissten. Die Zahl der Löschzüge ist gewaltig, bis nach Sachsen hinunter sind sie hier. Unsere Unterkunft war nach dem ersten Bombardement voller Publikum. Soweit unsere Vorräte reichen, erhalten auch sie von unserer Verpflegung sofern sie uns bitten.

Wenn ich Dir nun all das Furchtbare geschildert habe, so sei aber tapfer und ohne Sorge, verheimlichen kann ich es Dir ja doch nicht, sicher werden auch in Güstrow viele R. untergebracht sein. [...]

Der Brief enthält viele Schreibfehler, habe aber keine Zeit, ihn zu korrigieren. 4 Tage und Nächte haben wir unser Zeug nicht vom Leibe gehabt und auch nicht geschlafen, müde sind wir nicht, nur die Augen und das Gesicht brennen und die Füsse wollen kaum noch tragen. An meinem Fenster fahren ganze Schlangen von Wagen und Omnibussen unaufhörlich vorbei, weil die Hauptstrasse versperrt ist. [...]

Maschinenschriftlich von Barbara Linnert, geb. Prehn

heil heil

ei Uli Lene heil

o Uli hole Heini o

h H

5

Aus dem Lesebuch

Kas

Auszug aus dem Ersten Lesebuch für Mecklenburger Kinder „Heini und Lene" von 1942

Am Rostocker Hafen

Ei, der Vater nimmt Heini und Lene heute mit zum Rostocker Hafen! Da gibt es viel zu sehen!

An der großen Brücke sitzen Jungen und Männer und angeln. O die vielen Möven in der Luft! Die kann kein Mensch zählen, wenn sie so mit ihren spitzen Flügeln durch die Luft wirbeln. Wie sie jiepen und quarrren! Hungrig sind sie!

Nicht weit von der Brücke steht ein Riesenkran. An einer Kette hängt ein Greifer aus Eisen, der schnurrt herunter auf einen Eisenbahnwagen voll Steinkohlen. Er tut sich auf und packt mit seinen Klammern, die wie Zähne in die Kohlen beißen, gleich einen ganzen Haufen Kohlen auf einmal. Dann schließt er sich wieder wie ein Riesenmaul. – Hallo! Nun rollt der ganze Kran auf seinem Eisengerüst entlang, bis er über dem Schiff schwebt. Hier tut sich das Eisenmaul wieder auf und – spuckt die ganzen Kohlen in den offenen Schiffsbauch! Wie praktisch!

Guck, da kommt gerade die Fähre von Gehlsdorf! – „Wollen wir mal hinüberfahren?" sagt der Vater. – O ja, das mögen die Kinder gerne! Vater kauft drei Fahrkarten, und sie gehen auf die Fähre. Männer und Frauen und Kinder kommen, die wollen alle mit, auch ein Lieferauto und Fahrräder und Handwagen. Es klingelt dreimal. Nun wird das Laufbrett umgelegt und die Schranke niedergelassen. Abfahren! Hurra!

Ruhig gleitet die Fähre über das Wasser.

Drüben, am Gehlsdorfer Ufer, steigen sie aus. Der Vater geht mit den Kindern am Ufer entlang. Von dort können sie die ganze Stadt sehen. In der Mitte steht die mächtige alte Marienkirche. Aber von den drei anderen Kirchen ragen nur Stümpfe in die Luft, ihre Dächer sind eingestürzt. Der Vater erzählt den Kindern von den schrecklichen Nächten, in denen englische Bomber viele Gebäude der schönen Stadt in Schutt und Asche legten.

Der böse Krieg! Lange wird es dauern, bis alles wieder aufgebaut ist!

Lieb Vaterland!
Mein Vaterland ist Deutschland.
Es ist für mich das schönste Land der Welt.
Alles Liebe und Gute habe ich von meinem Vaterland.
Ich will mein Vaterland lieben.
Ich will für mein Vaterland beten.
Ich will für mein Vaterland lernen.
Ich will meinem Vaterland nützen
und dienen, so lange ich lebe.
Sieg-Heil, Deutschland,
mein Vaterland!

(Aus dem Archiv von Alfred Kasanowski)

Fliegeralarm in Rostock

Lore Seemann

Fliegeralarm hatten wir schon immer mal gehabt, bei Tage und auch in der Nacht. Daran hatten wir uns gewöhnt und es war ja nichts bis dahin passiert in Rostock. Ich war damals 14 Jahre alt, war im Glauben erzogen, dass unsere Flak die schon abschießen wird.

Wenn der Alarm während des Schulunterrichts kam, waren wir sogar über die Unterbrechung erfreut; dann ging es hinunter in die Keller, die als Luftschutzräume ausgebaut waren und wo wir uns unterhielten und die Entwarnung abwarteten; Angst hatten wir eigentlich nicht.

Die Bevölkerung war dahingehend erzogen und es war Pflicht, bei Alarm in die Luftschutzkeller aller Art zu gehen, sobald die Sirenen ertönten. Unser Luftschutzkeller befand sich in der Buchbinderstraße, kurz vor dem Rosengarten. Wir aber wohnten im letzten Haus der Lagerstraße, Ecke Strandstraße, eine weite Strecke also, wenn man aus dem Schlaf gerissen dorthin sollte. Wieder einmal heulten die Sirenen in der Stadt, und meine Mutter und ich sagten: wir bleiben hier zu Hause (mein Vater war im Krieg), denn wir fanden, dass in die Wohngegend sowieso keine Bomben geworfen würden, weil sich's für die Flieger nicht lohnte. Die sollten höchstens die Flugzeugwerke oder dergleichen angreifen, außerdem waren wir überzeugt, dass wir in dem Luftschutzhaus, wenn es getroffen würde, sowieso nicht sicher wären.

Und dann fielen die ersten Bomben! Ein Riesenkrach: Flugzeuge, Geschütze, Bombenexplosionen, Zerstörungslärm in nächster Nähe, ein einziges Inferno wie wir es bis dahin noch nie gehört hatten. Durch die Fenster sah man nur Feuerschein und grelles Licht am Himmel und überall ringsum. Und wir lagen in den Betten nebeneinander, zitterten und hielten uns aneinander fest. Unser Hund fegte unters Bett und jaulte und bellte.

Den nächsten Morgen bin ich durch mein Rostock gegangen und hab all die zerstörten Gebäude gesehen, entsetzt und fassungslos. Ich stand unter dem heil gebliebenen Steintor und sah die Reste unseres Theaters brennen, das ich gut kannte, und habe bitterlich geweint.

In der nächsten Nacht sind wir beim ersten Sirenengeheul sofort zum Luftschutzhaus gelaufen. Mit dem einen Koffer, der erlaubt war und ohne unseren Hund, denn Tiere mitzunehmen, war verboten.

Da waren wir nun zusammengepfercht und erlebten die zweite Bombennacht voll Angst und Schrecken. Der Luftschutzwart erlaubte niemandem, auch nur aus der Tür zu gehen. Gegenüber in dem Haus hörte man lautes Jaulen und Schreien von Hunden. Eine Frau neben uns war die Besitzerin einer Schäferhündin mit Jungen, die da verbrannten.

Überall wo die vielen Lücken sind, die später in Rostock waren, haben einmal Häuser gestanden!

Nach der Entwarnung liefen wir durch die brennenden Straßen, voll Angst um unser Zuhause. Die Stadt war rot vor Feuer überall. Wir hasteten durch die Faule Grube überquerten die Lange Straße und sahen, dass der obere Teil der Lagerstraße nicht getroffen und heil war. Wir atmeten auf.

Als wir im unteren Teil der Straße ankamen, sahen wir, dass aus unserem Haus Leute Sachen heraus trugen. Drinnen im Haus war die Treppe rotglühend, die obere Etage brannte, und in unserer 1. Etage war alles voller Rauch. Die Wand unseres Wohnzimmers glühte rot, denn dahinter war das Lager des Hausbesitzers, des Drogisten Froriep, der dort viel brennbares Material wie Bohnerwachs und Öle und dergleichen lagerte, das voll in Flammen stand.

Der Luftschutzwart untersagte, dass wir in diese glutheißen Wohnräume noch gingen, denn es war lebensgefährlich.

Also verließen wir das Haus und begaben uns mit anderen Betroffenen an die Warnow, an die Straße am Strande. Es regnete, und jetzt im April war es windig und kalt und Sachen zum Überziehen hatten wir ja nicht. Auch nichts zum Hinsetzen.

Ich erinnere mich, dass alle Menschen ringsum, die es getroffen hatte, völlig hilflos und ruhig wirkten in ihrer Verzweiflung. Wer Verwandte in Rostock besaß, hatte natürlich die Hoffnung, dorthin zu können. Meistens ein großer Irrtum, dazu war viel zu viel zerstört worden! Meine eigenen Großeltern hatten ihr Heim auf dem Fischerbruch, mein Onkel mit vier Kindern die Wohnung auf dem Alten Markt verloren.

Unten am Strande hatten die Brandbomben die großen Getreidespeicher voll getroffen. Sie waren jetzt im April voller Getreide, das als graue Ascheteilchen pro Getreidekorn die Luft erfüllte, so dass man die Augen nicht offenhalten konnte vor Staub und Tränen. Der starke Sturm, den die Brände überall entfachten mit lautem Brausen, trieb die Asche noch in die Doberanerstraße durch die Luft.

Mein Rostock, insbesondere der Kern und große Teile der Altstadt, waren in zwei Nächten in Schutt und Asche zerfallen. Ich wusste damals noch nicht, wie viele Menschen den Tod gefunden hatten.

Aus dem Tagebuch meiner Mutter

Marlies Lange

[…] Am 26. April mussten ich und die Kinder raus aus Rostock, aber alle Frauen mit Kindern, Vati wusste nicht, wo wir hinkommen. Wir wurden in große Autos verpackt. […] Nun sind wir in Bad Doberan bei einem Arzt als Evakuierte untergekommen. Wir haben 1 Zimmer für uns allein. In der ersten Nacht war gleich Alarm, ganz schnell zogen wir uns an, ich hatte noch nicht geschlafen, nur um euch liebe Kinder zur Beruhigung habe ich mich aufs Bett gelegt, damit ihr erst einmal einschlafen solltet. Marlies, du hast in einer sehr alten Wiege von den Leuten geschlafen. Nun musste Norbert mit anfassen und nun gings die Treppe langsam runter, bloß damit du nicht aufwachst. Nun saßen wir alle im Wohnzimmer bei den Leuten und hörten, wie der Tommi wieder nach Rostock flog, wo unser lieber Vati war. Mein Mädelchen, was deine Brüder und ich für Leid und Angst ausgestanden haben, kannst du gar nicht ermessen. Als wir wieder auf unserem Zimmer waren und ihr schlieft alle, stand ich ganz leise auf und zog die Verdunklung hoch. Am Himmel sprühten die Funken von Rostock alle zu uns rüber und ich sah Rostock so hell brennen. Mein Gott, es war doch zu schrecklich.

Am Vormittag trafen sich die Frauen und Kinder aus Rostock alle am Rathaus und jeder wollte wissen: „Steht der Gustloffplatz noch?“ Wenn die Soldaten kamen, die alle bei den Bränden geholfen haben, wurden sie von uns bestürmt mit Fragen.

Die nächste Nacht kam der Tommi wieder, es war zu schrecklich für uns, und wieder stand ich am Fenster und sah Rostock brennnen, und dann kam die Ungewissheit, lebt Vati noch? Vati wusste gar nicht, wo wir hingekommen sind, Briefe kamen nicht an, weil wir keine Post mehr hatten. Ich heulte nur den ganzen Tag. Wieder stand ich so verzweifelt am Rathaus, da sah ich einen Mann von Rostock, der wohnt auch am Gustloffplatz. Nun bat ich ihn unter Tränen, doch mal zum Vati zu gehen und gab ihm unsere Adresse. Nun wartete ich noch 2 Tage, die Angst um Vati ließ mich nicht mehr klar denken, nun fuhr ich mit einem SA-Mann mit nach Rostock im Auto. Das ganze Haus war leer. Die Fensterrahmen hingen aus den Fenstern mit zerrissenen Gardinen. Die Spinde leer, von Vati keine Spur. Ich konnte ja niemand fragen, denn es waren keine Menschen da. Es kam mir vor wie in einer toten Stadt. Ich war so verzweifelt, nur die Kinder hielten mich am Leben, sonst hätte ich was anderes gemacht. Fast alle Leute haben ihre ganzen Sachen in Sicherheit gebracht, nur wir hatten das, was wir auf dem Leib trugen, sonst nichts. Nun rannte ich vom Keller in die Wohnung und umgekehrt, kein Teppich, Kissen, alles war weg. Es sah zu schrecklich bei uns aus, keine Fenster drin, die Möbel verschmutzt, der Schreibtisch, da haben Blumen in Wasser gestanden, alles umgekippt. Dann rannte ich wieder auf die Straße, ob ich denn nicht mal einen Menschen treffen würde, und ich hatte Glück, denn die leeren Straßen wurden von SA-Leuten bewacht, weil so viel gestohlen wurde. […]

Der SA-Mann war ein Bekannter von Vati, wir freuten uns beide so sehr. Er erzählte mir, er hätte dich (wahrscheinlich ist Vater gemeint) in der dritten Nacht im Heinkel-Bunker gesehen. Wo du dann abgeblieben wärst, wusste er nicht.

Nun holte ich mir den Handwagen aus dem Keller und packte den Wagen voller Wäsche, mit einem großen Berg voll. Dann zog ich los nach Doberan. 17 Kilometer bin ich zu Fuß gelaufen. Unterwegs nahmen mich mal Flaksoldaten eine halbe Stunde mit, die hatten Munition geladen. Plötzlich gab es einen fürchterlichen Knall, nun dachte ich, die Munition ist in die Luft gegangen, aber es war eine im freien Felde liegende Bombe, die nach Tagen gesprengt wurde. Um 11 Uhr bin ich losgezogen mit meinem Wagen, um ½ 6 war ich in Doberan. Die ganze Chaussee lang zogen Leute mit ihrem Hab und Gut, es war ein furchtbares trauriges Bild, die armen Menschen alle zu sehen. Nun kam ich todmüde und verschmutzt bei euch liebe gute Kinder an. Nun fragten deine Brüder sofort nach Vati. Nun kam das ganze Elend über mich und ich brach halb ohnmächtig zusammen. Nun brachtet ihr mich auf unser Zimmer und wir weinten alle so herzerbrechend. Unser Wagen mit der Wäsche stand noch vor der Tür, da sagte Norbert und ging ans Fenster: „Ich muss den Wagen auspacken Mutti." Plötzlich reißt er das Fenster auf und schreit: „Vati! Mutti unser Vati steht vor der Tür!" Wir rannten alle wie wild die Treppen runter und fielen alle unserem lieben guten Vati um den Hals, das war der schönste Moment in unserem Leben, das sagte Vati später auch, dass wir alle wieder gesund beisammen waren, denn die meisten Familien waren auseinandergerissen. Eine Frau lief in Doberan mit 3 Enkelkindern und 3 fremden Kindern umher, keiner wusste , wo die Mütter waren. Ein Mann ist die ganze Ostseeküste entlanggegangen und hat seine Familie gesucht. Vati hat meinen Zettel erhalten und hat er alle Sachen von uns in einen großen Koffer gepackt, dann hat er den Kinderwagen vollgepackt, den Koffer raufgelegt, das ganze mit Stangen an ein Fahrrad gebunden, auf den Fahrradständer noch einen Koffer gebunden, dann ist er losgezogen. Vati hatte zurzeit eine schwere Blutvergiftung und sollte große Ruhe haben, und dann diese furchtbaren Strapazen dazu. Vati hat alle Decken, Teppiche, Kissen in den Keller gebracht und dann ist er losgezogen mit einem Bekannten.
[...]

Nach 14 Tagen zogen wir 3 fröhlich wieder nach Rostock, wir hatten 17 Pakete und 1 Fahrrad, Vati kam mit einem Tempo-Wagen an und holte uns ab. [...]

Zu Hause angekommen, räumte ich gleich alle Wäsche und Sachen wieder weg, machte alles schön sauber und fiel abends todmüde ins Bett. Die Fenster haben wir mit Papier verklebt, jeder nahm sich 3 Oberbetten und Decken und dann ging es ins Bett, endlich wieder daheim. In der Nacht kam der Tommi gute 5x, es war ganz entsetzlich. Die Sirenen waren kaputt, nun wurde gleich geschossen wie doll. Wir waren wie gelähmt vor Schreck. Als wir uns endlich angezogen hatten, packten wir dich in eine große dicke Decke und rannten im Kugelhagel mit dir zum Bunker. Da standen die Menschen zu 100ten und kamen nicht rein und die schwere Flak schoss, was sie nur kann. Die Scheinwerfer strahlten alle am Himmel. Plötzlich schrien die Menschen: „Sie kommen!" Alles guckte nach oben, da sahen wir den Tommi, eine Staffel nach der anderen einfliegen, dann warf er unzählige Leuchtbomben über uns ab. Die Menschen haben wie die Tiere geschrien und wir mit dir, kleinem Wesen, mittendrin. Vati hatte dich ganz hoch über sich gehalten, sonst wärst du uns todgedrückt worden.

Wie die Marienkirche gerettet wurde

Am Morgen des 27. April 1942 brannte ein Holzstall neben den Pastorenhäusern. Der Turmdiener Friedrich Bombowski war mit anderen Leuten am Werk, das Feuer zu löschen. Die Feuerwehr hatte nach diesen Bombennächten andernorts alle Hände voll; heute mußte jeder das Seine tun.

Besorgt blickte Pastor Frahm nach den nahegelegenen Häusern, die von dem Brand bedroht waren. Und dann flog sein Blick hoch hinauf in den Turm von St. Marien, der bisher den Bombengewittern getrotzt hatte. Wie lange würde er verschont bleiben von der Furie Krieg, die wie ein Amokläufer über Rostock hergefallen war? Sein Herz krampfte sich zusammen.

Sorgenvoll wandte er sich wieder ab. Wie er Bombowski so mutig gegen das Feuer kämpfen sah und bemerkte, daß der Mensch wieder einmal Sieger blieb, stahl sich ein Lächeln über seine Züge, und es wurde heller in ihm. Bombowski packte tapfer zu, wo Not am Mann war. Er tat es mit einer großen Selbstverständlichkeit, die Sicherheit erzeugte. Es mußte eine starke seelische Kraft in dem Manne sein.

Da gellte ein Ruf: „Die Kirche brennt!“ Und gleichzeitig fast trug der Wind einen Namen, von mehreren Mündern gerufen, durch die Luft: Friedrich Bombowski! Der aber, dem der Ruf galt, war nicht mehr im Stallgebäude. Gefolgt von seiner Tochter Ursula, eilte er bereits die 204 Stufen der südlichen Turmtreppe hinauf. Er keuchte leicht; denn mit 54 Jahren ist man nicht mehr der Jüngste. Aber das galt heute nicht. Hinter sich hörte er die flinken Schritte seiner Tochter.

Je höher sie kamen, desto dicker wurde der Qualm. Das Atmen wurde schwerer. Durchhalten! Das Taschentuch vor den Mund! Und dann weiter!

Sie durchforschten das untere, dann das obere Gewölbe. Überall schwerer Qualm, aber kein Brandherd.

Schnell den Glockenstuhl hinauf! Gut, daß jetzt auch Anton Donatin aus der Blutstraße 21 kam! Zu dritt würde das Feuer leichter zu finden sein.

Auch im Glockenturm braute fetter Qualm, ohne daß ein Brandherd zu entdecken gewesen wäre. Aber war das überhaupt noch flüchtiger Rauch? Das war fast schon eine greifbare Masse, die beiseite gedrängt werden wollte. Nur hindurch!

Friedrich Bombowski schonte sich nicht. Einen kurzen Blick auf Ursel und Anton, die mit geschwärzten, schweißigen Gesichtern nickten. Mit vereinten Kräften schleppten sie Wasser, Sand und Luftschutzhandspritze weitere 80 steile Stufen hinauf. Dann waren sie am Feuer: in der Turmspitze brannte es. Ein westlicher Eckpfeiler stand in Flammen. Jetzt noch die zweieinhalb Meter hohe Brüstung hinauf. Von dort aus konnten sie das Feuer am besten bekämpfen.

Wer singt das Lied von dem Kampf der drei Menschen in feuriger Höhe? Wer trägt ihre Namen ein ins goldene Buch der Geschichte dieser Stadt? Sie dachten damals nicht daran, daß sie die Retter von St. Marien werden sollten. Sie wurden es an diesem Morgen.

Friedrich Bombowski hielt die Luftschutzhandspritze ins Feuer. Meine Güte, das zischte ein bißchen, als spucke jemand in eine brennende Strohmiete. Mehr Wasser! Ursel schleppte das Wasser die 80 Stufen hinauf. Anton half. Wenn nur der starke Wind nicht wäre. Das Feuer durfte sich nicht ausbreiten. Die drei fieberten – und dann zeigte sich ein erster Erfolg. Das Feuer ging zurück. Aber nun wurde das Wasser knapp. Hurtig eilte Ursula die Treppen hinunter, Hilfe herbeizuschaffen. Auf halbem Wege kam ihr ein Student entgegen, ein weiterer folgte. Unten rief Ursel ein paar Soldaten. Sie kamen sofort.

Endlich bekam Friedrich Bombowski Ablösung, und die Helfer löschten dann das Feuer vollends. Friedrich aber riß das Blech von den Pfeilern aus Holz, in deren Inneren das Feuer heimlich fraß. So wurde die Gefahr aus der Turmlaterne verbannt.

Bombowski stieg wieder in den Glockenstuhl hinunter; denn dort brannte an der Nordseite eine Dachlatte. Sie konnte schnell gelöscht werden. Schlimmer war es im Hochgewölbe, wo die beiden Studenten Schreiber und Schmidt vergeblich eines starken Brandes im Dachfirst der Ostseite Herr zu werden bemüht waren.

Nun half Bombowski. Auf einer langen Leiter stehend, gingen sie vereint mit Kübelspritze und Minimax-Feuerlöcher dem Brand zu Leibe. Ursel hatte inzwischen für Wassernachschub gesorgt. An der Spitze eines mit 40 Eimern bewaffneten Trupps Soldaten brachte sie das rettende Naß nach oben. So gelang es, auch den starken Brand im Dachfirst in Schach zu halten, bis die Feuerwehr eintraf und mit ihren Steigrohren eingriff.

Langsam stieg Bombowski die Stufen hinab. Auf seinen rußverschmierten Zügen war das stille bescheidene Lächeln kaum zu sehen. Zärtlich und voller Stolz strich er seiner Tochter, die das Kopftuch abgebunden hatte, übers Haar. Fast gleichzeitig schauten sie hinauf nach dem Turm, der majestätisch in den blauen Himmel ragte. Dann wandten sie sich ab. Es gab noch sehr viel zu tun in dem todwunden Rostock. Hoch klingt das Lied vom braven Mann…

(nach einem von Franz Bei der Wieden übermittelten Bericht über den Brand von St. Marien)

„Unser Mecklenburg“ vom 25. April 1962

Rettung der Kröpelinerstr. 16

Karl Janicke

Einen Tag nach meinem 18. Geburtstag, in der Nacht vom 23. zum 24. April 1942, startete der erste Angriff. [...]

Ich war in unserem Haus, dem „schmalen Handtuch“, wie es auch genannt wurde (Kröpelinerstr. 16), völlig auf mich gestellt. Meine Eltern waren mit meinem Bruder zur Herzkur in Bad Kudowa. Und von der einzigen Mieterin im Haus war nichts zu sehen. Ich schleppte sofort eine große Henkelbadewanne aufs Trockendach und dann über die Brüstung auf das nicht gesicherte Oberdach, denn „nur“ hier grenzte das Schuhhaus Tack mit einer Kehle an unser Pappdach, unter dem sich ein Lagerraum und unser Schlafzimmer befand. Dann schleppte ich einen Behälter mit Sand unter großen Anstrengungen ebenfalls aufs Oberdach und füllte schleunigst die Badewanne, Eimer um Eimer, aus der bis oben angefüllten großen Badewanne in der Küche voll Wasser. Zwischendurch rannte ich ins Wohnzimmer, riss die Gardinen runter, weil ich sah, dass die Flammen schon um die Mauer leckten und sie hätten anzünden können. Da ich Sorge hatte, dass ich trotz allem Willen unsere Wohnung/Haus nicht würde retten können, begann ich solche Möbel aus dem Wohnzimmer wegzuschaffen, die ich glaubte, retten zu müssen. Jedoch wohin? Es kam nur der Wall hinter der Stadtmauer in Frage. Aber wie dahin kommen? Durch die Kröpeliner Strasse war es nicht mehr möglich. Da war alles in Flammen bis auf das hohe, stabile Grundgeyer-Haus. Durch den Großen Kathagen kam ich nur bis zur Mauer, die Weiterführung bis zum Kröpeliner Tor war, wie die Straße auch, nicht mehr passierbar. Also blieb nur der Weg über die Mauer. Zum Glück war die Stadtmauer an einer Stelle etwas eingebrochen, so dass man zu Fuß gut hätte hinüber klettern können, wenn auch mit Hinunterspringen auf der anderen Seite. Dasselbe aber mit Möbeln? Ich versuchte es und es gelang mir schließlich auch unter größten Anstrengungen in fieberhafter Eile. Ich ließ die Möbel erstmal gleich hinter der Mauer stehen, einen genehmen Platz könnte ich mir später aussuchen. Jetzt musste ich erstmal machen, dass ich auf das Oberdach kam, das ich bei meinen Transporten von Ferne stets mit Sorge im Auge behalten hatte. Es wurde auch höchste Zeit, denn jetzt begannen die Flammen auf unser Dach herüber zu schlagen. In die Dachkehle hatte ich zuvor schon etwas Sand getan und angefeuchtet, damit das Feuer zumindest im Kriechen zu unserem Pappdach behindert wird. Dann begann ein zäher, harter Kampf mit dem Feuer, der lange Zeit unentschieden blieb. Obwohl es anfänglich windstill war, kam durch die Glut der brennenden Häuser nach und nach ein immer stärkerer Wind auf, der sich schließlich zum regelrechten Feuersturm entwickelte und mir die Löscharbeiten bzw. Feuereindämmungen fast unmöglich machte. Immer und immer wieder musste ich meine Kleidung stark einnässen, in abgewandter Haltung meinen Schutzhelm abnehmen und den Kopf ins Wasser stecken, damit ich nicht selbst Feuer fing. Auch musste immer wieder in Windeseile Wassernachschub aus dem 1. Stock drei steile Treppen hoch aufs Oberdach geschleppt werden. Wenn ich nicht so äußert stabil, durchtrainiert und willensstark gewesen wäre, wäre ich sicher nicht als Sieger aus diesem Kampf hervorgegangen. Nachdem ich das Oberdach am frühen Vormittag endlich verlassen konnte, habe ich jeden Raum, der zur Seite des Brandherdes lag, nach Verdächtigem untersucht.

Im 1. Stock in der Nähstube (hier wurden die Lampenschirmgestelle mit Seidenstoffen bespannt) fuhr mir ein Schreck in die Glieder. Hier roch es nach Rauch. Wieso und woher kam der? Ich fand die Stelle und sorgte dafür, dass kein Rauch mehr in die Nähstube eindringen konnte. Die Ursache war ein in der Mauer befindlicher Balkenstumpf, der infolge der großen Hitze trotz der Entfernung zum Brand, zu schwelen anfing und den Rauch durch die undichte Verfugung und den rissigen Putz in die Nähstube dringen ließ. Auf der anderen Seite des Großen Kathagen waren die Häuser unversehrt geblieben. Doch plötzlich sah ich bei meiner Umschau, dass direkt gegenüber von uns in einem vorspringenden Lastenaufzug auf dem herausragenden Gebälk kleine Flämmchen züngelten. Mir war klar, dass, wenn diese Flämmchen nicht schnell erstickt würden, die Gefahr bestand, dass das ganze Viertel bis zum Blücherplatz einschließlich Universitätsgebäude abbrennen würde. Ich nahm sofort Wassereimer, Obstbaum-Eimerspritze und Patsche, ging in das gegenüberliegende Haus und kletterte hoch bis zu den entzündeten Balken, zu denen ich mich aus Platzgründen leider nur kriechend bewegen konnte. Das erschwerte die Arbeit sehr. Ich kam auch nicht weit genug heran, so dass ich das Feuer weder mit der Patsche noch mit Hilfe der Eimerspritze löschen konnte. Ich konnte es lediglich durch starke Befeuchtung der nach innen führenden Balken und Hölzer eindämmen. Die deshalb von mir alarmierte Feuerwehr konnte sich dieser zunächst noch geringen Großbrandgefahr erst nach einigen Stunden widmen, aber immerhin noch rechtzeitig. Nach alldem ging ich erschöpft zur Notversorgung am Wall. Dort wurde ich sofort versorgt. Ich muss entsprechend ausgesehen haben durch Flammen und Rauchschwaden und zusätzlich in meiner Abgespanntheit. Eine Rauchvergiftung belastete mich, weshalb ich auch erstmal die angebotene Notunterkunft in Anspruch nahm.

Bei der Jakobikirche, zerstörte Kirchenhäuser *Lin*

Die Vernichtung der St. Petri-Kirche in Rostock

Als die Nacht vom 25. zum 26. April 1942 durch einen unheimlichen Bombenangriff zerriß, trat Pastor Wendland mit seinen beiden Brandwachenmännern Hermann Holldorf und Hermann Brands vor das Hauptportal von St. Petri, um den üblichen Kontrollgang um die Kirche zu machen und nach Brandbomben Ausschau zu halten. Es war eine vorübergehende Stille eingetreten, die in dem infernalischen Toben wie eine Insel des Schweigens wirkte und wesenlos war, so, als sei die Zeit stehengeblieben, um Atem zu schöpfen. Die Stille war peinigend und voller Angst. Pastor Wendland verhielt den Schritt. Er war merkwürdig erregt, als ahnte er die lauernde Gefahr. Da sauste es auch schon von oben herab. Es mochte halb zwei Uhr gewesen sein, als an der Ecke Amberg/Slüterstraße eine Bombe niederging. Das Bleifenster über dem Hauptportal stürzte herab und begrub Hermann Holldorf unter sich, der im Sekundenbruchteil zuvor von Bombensplittern ins Herz getroffen worden war.

Als Turmdiener und stellvertretender Küster hatte er allezeit still und bescheiden seinen Dienst versehen. Als Brandwachenmann hatte er bei allen Alarmen zuverlässig, die persönliche Gefährdung nicht achtend, seine Pflicht getan. So still wie er gelebt hatte, war er nun aus dem Leben geschieden. Leise, ohne seine Mitmenschen durch einen Schmerzensschrei zu verstören.

Auch Hermann Brands brach zusammen, jedoch er kam mit dem Leben davon. Ein Splitter hatte ihm den Oberschenkel verletzt. Ein Trümmerstück mußte ihn dann noch am Kopf getroffen haben; denn er erlitt eine leichte Gehirnerschütterung.

Pastor Wendland wurde am Oberarm verwundet. Ihn traf ein von Phosphor vergiftetes Splitterstück.

So fielen diese drei zuverlässigen Männer aus, als die von vielen Sprengbomben bereits arg verwundete Kirche in der folgenden Nacht in Flammen aufging.

Zunächst dachte niemand an einen Brand. Als der furchtbare Bombenangriff vorüber war, sagte mancher verwundert: „Unsere Kirche steht doch; sie hat das furchtbare überdauert." Wer sah schon den dünnen Rauchfaden, der aus der Turmspitze stieg? Wer wußte von den heimtückischen Brandbomben, die irgendwo im Innern des Gotteshauses versteckt schwelten? Die glimmende Glut breitete sich aus und fraß dem Wind einen Kanal. Der fuhr hinein, und bald darauf lohte der Turm als gewaltige Fackel in den Nachthimmel.

Die Kupferplatten fielen nach Westen hernieder. Das Feuer breitete sich auf die ganze Kirche aus. Wer wollte hier löschen? Die Bürger hatten Hab und Gut nach hier verlagert. Ballen und Säcke mit Betten, Wäsche und Leinenzeug türmten sich in den Gestühlen zu Bergen von fünf Meter Höhe auf. Jeder freie Raum war mit Hausrat aller Art, mit Schreibmaschinen, Ladeneinrichtungen, Waschmaschinen, Kisten, Kommoden mit Steingut und Porzellan überfüllt. Acht Klaviere waren in St. Petri abgestellt worden. Kleidungsstücke, Gardinen, Vorhänge, Waschbalgen und auch viel wertloses Zeug füllten die letzten Ecken aus. Nein, hier war nicht zu retten. Die in der Kirche aufgestapelten Habseligkeiten boten dem Feuer zu fette Nahrung. Es wurde groß, stark und wild, so daß ihm niemand widerstehen konnte.

In zwei Stunden brannte die ganze Kirche aus. Vernichtet wurden Orgel, Altar, Kanzel und alles Bergungsgut.

Nur die Abendmahlgeräte konnten gerettet werden.

(erzählt nach einem von Franz Bei der Wieden übermittelten Brandbericht des Pastors Wendland)

„Unser Mecklenburg“ vom 25. April 1962

Petrikirche und Petritor Neh

Kriegsjahr 1942 – fürchterliche Bombennächte – ein Tagebuchauszug

Tusnelda Thom

[...]

Plötzlich eine besonders starke Bodenerschütterung, die Wände, das ganze Haus schien zu wanken, Türen sprangen krachend auf, das Licht erlosch für Sekunden..., dann ist's vorüber, wir atmeten auf. Die Notbeleuchtung, eine winzige Birne vom Akku gespeist, zeigte unsere verstörten Gesichter. Draußen tobte der Hexensabbat weiter. Zischend und heulend fegten die Bomben in dichter Folge zu Ende. Dann ein donnernder Schlag, Krachen und Bersten. Dicker Staub erfüllt die Luft, nimmt das Atmen. Stürzt alles zusammen? Irgendetwas Schweres fiel mir gegen den Kopf und Schulter. Das Baby-„Körbchen" schleuderte der Luftdruck herum und von der Bank. Mechanisch, gänzlich unbewusst, griff ich zu, kann es beim Sturz in Sekundenbruchteil festhalten, taste mit unsicheren zitternden Fingern darüber. Mein Baby hängt halb aus dem Körbchen heraus. Staub, Mörtel und Schutt, untermischt mit feinen Glassplittern sind in sein aufwärtsgekehrtes Gesichtchen gefallen, aber schläft tief und fest.

[...]

Namenlose Angst, Entsetzen! Wir wollen hinaus, drängen zum „Durchbruch". Unter kräftigen Schlägen fällt die dünne Wand. Heruntergestürzte Balken und Bretter des Nebenhauses versperren den Ausgang. Mein Mann reißt ein Kellerfenster heraus. Schutt und Mauerwerk liegen hoch davor; kein Weg ins Freie. Aber wir bekommen dadurch Frischluft, erleichtertes Atmen, denn der Staub steht ganz dick in der Luft. Draußen brennt es hellgrün, Kurzschluss in einer elektrischen Freileitung und das schwere Bumsen und Wummern hält an, untermischt mit dem Getöse aller Flak-Kaliber. Still und dichtgedrängt steht das kleine Menschenhäuflein im schmalen Gang beieinander, angstvoll lauschend und harrend der furchtbaren Dinge, die da kommen mussten.

[...]

Das Waschkorbbettchen fest an mich gepresst, laufe ich in die von grellroten Bränden gespenstisch beleuchtete Nacht. Wie gemeinsam überlegt, bringt mich eine Tante in den Luftschutzkeller der Roonstraße. Es ist keine Entwarnung und wir fürchten die Fortsetzung des Angriffs. Dort hocke ich zusammengekauert in einem wackligen, altertümlichen Rohrsessel im kleinen mit Möbeln vollgestopften überheizten Kellerraum. Zwei ältere Leute sitzen da und eine dauernd stöhnende Schwerkranke. Regale voller Bücher rings an den Wänden, übereinanderstehende Luftschutzbetten inmitten und wenige Stühle nehme ich als Einrichtung wahr. Mein Baby ist aufgewacht und beginnt zu weinen. So trostlos ist alles, so leer, so am Ende.

[...]

Die Tagebuchauszüge übergab Silvia Haida, das damals gerade geborene Baby, von dem in diesem Tagebuch berichtet wird.

Die Bombardierung des Gas- und Wasserwerkes

Bereits beim ersten Luftangriff auf Rostock, in der Nacht vom 23. zum 24. April 1942, wurde das Gaswerk arg mitgenommen. Die Zerstörungen wurden hauptsächlich durch Brandbomben hervorgerufen, während lediglich das Verwaltungsgebäude durch eine (schätzungsweise) 550-Kilo-Sprengbombe getroffen und zerstört wurde. Diese Sprengbombe brachte dem Direktor Permien und seiner Familie den Tod.

In der Nacht wurden 300 bis 400 Brandbomben auf das Gaswerk geworfen. Sie konnten nicht sofort ausgelöscht werden, da sie die leichten Dächer des Apparatehauses, das Reinigungsgebäude und der anderen leicht gedeckten Häuser durchschlugen und den gesamten Gebäudekomplex sogleich in Brand setzten. Zu gleicher Zeit fingen auch die ebenfalls von Brandbomben getroffenen Gasbehälter und das Verwaltungsgebäude Feuer.

Während in der zweiten Angriffsnacht nur Brandbomben auf das Gaswerk geworfen wurden, galt ihm in der dritten Nacht offenbar ein spezieller Angriff. Fünf Sprengbomben und Hunderte von Brandbomben wurden abgeworfen. Die Sprengbombenreihe lag etwa 50 Meter neben Ofenhaus, Koksaufbereitung und Apparatehaus.

Das Wasserwerk wurde erst in der vierten Nacht durch eine Brandbombe getroffen. Fünf Sprengbomben trafen das 500 mm weite Filterrohr, den Wasserturm, das 600 mm weite Hauptwasserrohr und den Filter 5. Durch die Bombe, die innerhalb des Wasserbehälters explodierte und mehrere hundert Sprenglöcher riß, und durch die Bombe, die das Hauptwasserrohr traf, trat eine starke Behinderung in der Wasserversorgung ein.

Franz Bei der Wieden
„Unser Mecklenburg“, April 1962

Am 24. April kamen unsere lieben Angehörigen, der

Direktor der städt. Gas- und Wasserwerke

Martin Permien
Emilie Permien
geb. Kuhtz
Dr. med.
Peter Olaf Pensky
Dr. med.
Charlotte Pensky
geb. Permien
Frieda Kuhtz
geb. Lange

bei dem feigen Luftangriff auf unsere friedliche Stadt ums Leben.

Lehrer Heinrich Kuhtz und Frau Käthe, geb. Flotow; Albrecht Kuhtz; Elisabeth Herbert, geb. Jansen; Gerichtsassessor Dr. Heinz Herbert; Erika Herbert; Erna Oelze; Willi Oelze.

Seestadt Rostock, 10. Mai 1942.

Sad

Als Auslandschweizer in Rostock

Jürgen Kleger

Ich bin als Auslandschweizer 1930 in Rostock geboren und habe meine Jugendzeit während des Krieges dort verbracht. Unsere Familie wurde in einer Nacht von einem Bombenvolltreffer erwischt und wir konnten uns aus den Trümmern fast unverletzt herausbuddeln.

Aus meinen Erinnerungen

[…] im April 1942 wurde es auch in Rostock schlimm. Es fielen die ersten Bomben, Brandbomben und Luftminen. Wir beteten jeden Abend zum Herrgott. Beim Heulen der Bomben krochen wir eng zusammen und zogen vor lauter Angst die Köpfe ein, als ob dies etwas nützten würde. […]

In einer der … Bombennächte hatte mein Vater Nachtwache in seiner Firma Mercedes Benz. Unser Ziel war es, dass die ganze Familie möglichst immer zusammen bleibt. So zogen wir mit unseren Koffern in den Luftschutzkeller der Firma. Wir waren etwas spät gekommen und die besten Plätze waren schon von anderen Personen belegt. Wir mussten uns mit einer Ecke bei stinkenden Gummianzügen und sonstigem Gerümpel begnügen.

Ich lag auf einem Feldbett und weiß nur noch, dass ich auf einmal meine Arme nach oben riss, um den Kopf zu schützen. Ein Volltreffer hatte das Haus erwischt. An den Knall der Explosion kann ich mich nicht erinnern. Doch der Rauch und der Staub raubten uns fast den Atem. Überall unter den Trümmern riefen Leute um Hilfe. Es war ein unvorstellbarer Horror.

Bei uns hing ein Mann mit den Füssen oben am eisernen Türrahmen eingeklemmt, der Kopf hing frei nach unten. Bis wir eine Taschenlampe finden konnten, dauerte es eine Ewigkeit. Er schrie wie ein Wahnsinniger um Hilfe. Unsere Familie war in der Ecke auf engstem Raum zusammengepfercht und immer wieder stürzten herabfallende Steine auf uns. Wir stützten abwechslungsweise den hängenden Mann, so gut es eben ging, mit den Schultern, damit das Blut sich nicht im Kopf stauen konnte. Eigenartigerweise hatte ich in diesem Moment überhaupt keine Angst. Auch dachte ich nicht an die Möglichkeit, hier unter den Trümmern zu ertrinken und zu sterben. Ich war ganz fest davon überzeugt, dass wir hier bestimmt herauskommen werden. Warum dies so war, weiß ich nicht. An den Tod dachte ich in keinem Augenblick. Dann fingen wir auf den Knien an zu graben und Steinbrocken weg zu räumen, so gut es eben ging im zusammen gestürzten Keller, um durch einen Notausgang irgendwie nach oben zu kommen. Mein Vater erinnerte sich, dass ganz in der Nähe unserer Ecke ein Schacht nach oben und somit nach draußen führen musste. Und als wir uns zu diesem vorgekämpft hatten, war dieser mit nur wenigen Trümmerstücken aufgefüllt.

Das Grundwasser fing an zu steigen und bald krochen wir bis zu den Knien im Wasser. Immer mehr verschüttete Personen verstummten und ertranken. Auch ein unter den Trümmern liegender Kollege des im Rahmen hängenden Mannes, der diesen immer wieder ermahnte, nicht so laut zu schreien, war auf einmal still. Er ertrank unter den Trümmern. Endlich hatten wir ein Loch geschafft und somit etwas Luft zum Atmen. Stein um Stein trugen wir ab, bis das Loch groß genug war, um heraus zu kriechen.

Hier waren wir unter den Hausträmmern begraben. Dieses Bild machte mein Vater heimlich einige Tage nach den Aufräumungsarbeiten, obwohl Fotografieren strengstens verboten war. Kleg

Wir zwängten uns, einer nach dem andern, nach draußen, aber das Inferno war noch nicht vorbei. Um uns herum krachten immer noch Bomben und Splitter surrten um die Köpfe. An vielen Orten brannte es und ein ätzender Geruch von den Phosphorbrandbomben umgab uns. Beim Rennen zu einem Haus mussten wir uns zwischen herunter hängenden Fahrleitungen mehrmals auf den Boden werfen, weil einige Bomben ganz in der Nähe einschlugen.

Endlich schafften wir es, ein Haus zu erreichen. Die Leute dort saßen total verängstigt im Keller und sahen uns entgeistert an, als kämen wir von einem anderen Planeten. Auf einmal merkte ich, dass ich unseren wichtigsten Koffer mit allen Papieren und Pässen in der Hand hatte. Wie ich diesen unter den Gesteinstrümmern im dunklen Keller aufgefischt, durch den Schacht, über die Strasse und bis hier ins Haus gebracht hatte, ist mir heute noch ein Rätsel. Denn ich lag ja auf einer Pritsche, als uns der Volltreffer erwischte.

Mein Vater eilte nochmals nach draussen ins Inferno, um Hilfe zu holen, weil doch noch viele Leute unter den Trümmern verschüttet lagen. Er hatte Glück. Es kam eine Gruppe Soldaten vorbei, die sich gleich an die Arbeit machte. Am nächsten Tag war eine traurige Bilanz zu ziehen. 27 Tote waren zu beklagen und nur 7 Personen sind lebend aus dem Keller gekommen. Unsere Familie und noch ein Ehepaar waren es. Dieses wurde oben auf den Trümmern schwer verletzt liegend aufgefunden. Auch dies ein Wunder.

Außer ein paar Blutergüssen und Prellungen ist uns nichts Schlimmeres passiert. Ein Schutzengel hat über uns gewacht.

Vom Brand des Rostocker Stadthauses

Als die Menschen nach den Bombenangriffen im April 1942 wieder Atem schöpften, tauchte sogleich die Frage auf: Wie konnte die Katastrophe ein solches Ausmaß annehmen?
Die Antwort kam in fünf Punkten ausgesprochen werden:

1. Die Bombenangriffe erfolgten überraschend in vier aufeinander folgenden Nächten.
2. Das Angriffsziel war hauptsächlich die dicht bebaute Alt- und Innenstadt mit ihren engen Gassen und alten Häusern.
3. Es wehte an allen Tagen ein starker Nord-Ostwind.
4. Die Wasserversorgung versagte bereits in der zweiten Angriffsnacht.
5. Es gab zunächst so gut wie keine Flugabwehr. Die zur Bekämpfung der Brände zur Verfügung stehenden Kräfte waren zu schwach.

Wie primitiv die Brandbekämpfung war und mit welch geradezu sträflicher Leichtfertigkeit ernsthafte Maßnahmen gegen die zu erwartenden Bombenangriffe unterlassen worden waren, läßt der Brandwachenbericht aus dem Stadthaus erkennen, in dem es heißt:

In der Nacht vom 24. bis 25. April entstanden in der Nachbarschaft große Brände. Durch Funkenflug geriet das Pappdach des Stadthauses in Gefahr, Feuer zu fangen. Das Dach wurde mit zwei Handfeuerspritzen unter Wasser gehalten. Ferner wurden größere Funkenflocken mit Feuerpatschen gelöscht.
Infolge des starken Sturms breiteten sich die Brandherde in der Umgebung schnell aus.
In der Nacht vom 25. zum 26. April zogen, da die Angriffe verstärkt erfolgten, sofort vier Mann im Dachgeschoß auf Brandwache.

Es erfolgte ein rasendes Bombardement. Viele Bomben schlugen in nächster Nähe des Stadthauses ein. Bei der Weiträumigkeit des Dachgeschosses von Stadthaus, Standesamt und Archiv hat es sich gezeigt, daß die Brandwache viel zu schwach war, so daß die im Stadthaus untergebrachte Luftschutzleitung sich um weitere Hilfsmannschaften bemühen mußte.

Eine Brandbombe fiel an der Ostseite in eine Dachrinne oberhalb der Pauskammer. Wegen der ringsum taghell lodernden Brände wurde sie von der Brandwache nicht sofort bemerkt. Erst als Leutnant Herms von der Feuerschutzpolizei, der sich außerhalb des Gebäudes befand, auf sie aufmerksam machte, zertrümmerten die Männer der Brandwache das große Oberlicht und schütteten Sand und Wasser auf die Bombe. Jedoch sie konnten nicht verhindern, daß trotz der Zinkabdeckung im Turmgebälk Feuer ausbrach. Die Bekämpfung war infolge der starken Rauchentwicklung schwierig, blieb aber doch erfolgreich.
Auf Anordnung des Brandwachenleiters Karsten wurde schließlich die Dachrinne abgerissen, so daß sie mit der heimtückischen Brandbombe abstürzte.
Diese Arbeiten machten den Einsatz der gesamten Brandwache erforderlich, so daß sich das durch eine weitere Brandbombe im Archiv und durch Funkenflug in der Pauskammer

entstandene Feuer munter ausbreiten konnte. Als die Männer ins Archiv eindrangen, schlug ihnen starker Qualm entgegen. Mit Handfeuerlöschapparaten (Minimax usw.) gingen sie gegen das Feuer vor. Da die Wasserversorgung bereits unterbrochen war, fielen die sonst zur Verfügung stehenden Wasserspritzen aus.

Die Rauchentwicklung im Archiv war so stark, daß das Fenster an der Nordseite zertrümmert werden mußte – eine recht gewagte Maßnahme, wie man zugeben wird, da dadurch neue Sauerstoffzufuhr erfolgte und das Feuer erst recht auflodern konnte. Außerdem bestand die Gefahr, daß der Sturm das Feuer in der Pauskammer gehörig anfachen würde.

Da es auch in der Nachbarschaft brannte, bestand unmittelbare Gefahr für das Standesamt, Grundbuchamt, Katasteramt, Vormundschafts- und Nachlaßgericht usw.
Schließlich wurden von der Luftschutzleitung 100 Soldaten und eine Schlauchleitung eingesetzt, so daß das Feuer auch von außen bekämpft werden konnte. Jedoch schon nach kurzer Zeit stockte die Wasserzufuhr erneut.

Nachdem die 100 Soldaten angerückt waren, verteilte der Brandwachenleiter Karsten 10 von ihnen als Verstärkung auf die einzelnen Brandstellen. Neunzig Soldaten wurden für die Bergung des Mobiliars aus den in der Nachbarschaft brennenden Häusern eingesetzt. Es war dafür gesorgt worden, daß diese neunzig Soldaten sofort zurückgezogen und im Stadthaus eingesetzt werden konnten, falls das Feuer im Archiv übermächtig werden würde. Auch hier hatten schon – wie es sich später auch in anderen Städten zeigen sollte, öffentliche Gebäude Vorrang vor den Wohnhäusern.

Das Feuer im Archiv war durch das Wasser eingedämmt worden. Da nun aber nicht mehr mit Wasser gelöscht werden konnte, fachte der Sturm es wieder an. Gleichzeitig bestand die Gefahr, daß die Funken, die aus den heruntergeworfenen Akten aufsprühten die Häuser der Kleinen Wasserstraße in Brand setzten, zumal der Wind nach Westen umgesprungen war.

Karsten befahl seinen Männern daher, Erde aus dem Garten in Eimern heraufzuschleppen und über die brennenden Akten zu schütten. Ebenso wurden auch die Akten gelöscht, die im Garten lagen und brannten.

Nach anderthalb Stunden kam dann wieder Wasser aus dem Löschwasserbehälter des Neuen Marktes und aus der Warnow, so daß der Archivbrand in kurzer Zeit gelöscht werden konnte.

Das Feuer in der Pauskammer wurde wirkungsvoll mit Handfeuerspritzen bekämpft, nachdem die Schalung abgerissen und der dahinter gestopfte Torfmull entfernt worden war. Die Balkenköpfe und der Einschub hatten schon Feuer gefangen. Die Folgen wären verheerend gewesen, wenn der Brand hier nicht rechtzeitig entdeckt und bekämpft worden wäre.

In der Nacht vom 26. zum 27. April 1942 setzte gegen 2 Uhr wieder ein gewaltiger Bombenhagel ein. Diesmal wurde, wie durch ein Wunder, das Stadthaus nicht getroffen. Dagegen deckten Sprengbomben das Pfannendach des benachbarten Standesamtes teilweise ab.

Die Männer der Brandwache, Karsten, Staben, Ahlgrimm, Torlopp, Schönfeldt und Wintjen haben sich mitten im Bombenhagel hervorragend bewährt. Trotz völlig unzureichender Mittel haben sie großen Schaden verhüten können. So wie sie haben aber auch viele Rostocker in diesen Nächten und Tagen um die Erhaltung ihrer alten Stadt gekämpft.

„Unser Mecklenburg“, April 1962

Handwerker beseitigen Schäden

Offenbar wurden in den Monaten nach den Bombenangriffen Helfer aus allen Teilen Deutschlands zur Beseitigung der Schäden herangezogen. – Ansichtskarte des Handwerkers Gerhard Quoth (?) vom 25. Juni 1942 aus Rostock. Adresse: Handwerkerlager Biestow, Baracke 39/1

„Lieber Heinz! Entschuldige bitte die Schrift, aber die Tinte war gerade alle im Füller. Lieber Heinz, ich will dir nur einige Zeilen schreiben, damit du nicht denkst ich habe dich vergessen. Mir geht es hier ganz gut. Arbeit gibt es genug, du musst dir denken 80% der Stadt ein Trümmerhaufen. Wie geht es dir? Viele Grüße an deine Eltern! Es grüßt dich dein Freund Gerhard!

AS

Bombenschäden in Stadt und Land

Im Jahre 1940 besaßen

Rostock Stadt	8825 Gebäude
Rostock Land und die Heidedörfer	290 Gebäude
Warnemünde	1053 Gebäude

Davon wurden durch die Bombenangriffe im April 1942 völlig zerstört:

Rostock Stadt	1627 Gebäude
Rostock Land	16 Gebäude
Warnemünde	14 Gebäude

(Die Verluste der Rüstungs- und Großindustrie sind hierbei nicht berücksichtigt.)

Die landwirtschaftlichen Betriebe im Kreise Rostock (Dierkow, Riekdahl, Roggentin, Godow, Brodersdorf, Kessin, Kassebohm, Neuendorf, Bentwisch, Klein-Schwaß, Schutow und Allershagen) verloren

3 Wohnhäuser
10 Viehhäuser
15 Scheunen
4 sonstige Gebäude
23 Pferde
264 Rinder
52 Schweine
768 Schafe

An großen Gebäuden und Betrieben wurden vernichtet:

1. Nacht: Gaswerk, Zuckerfabrik
2. Nacht: St. Nikolai, Steintor, Stadttheater
3. Nacht: Hauptbahnhof, Amtsgericht, Landratsamt, Klinik
4. Nacht: St. Petri, St. Jakobi, Oberlandesgericht, Rostocker Anzeiger, Kaufhaus Zeeck

Die Versorgung der Stadt mit Gas, Wasser und Elektrizität fiel für 14 Tage bzw. 4 Wochen aus.

Weitere Zerstörungen:

101 Lebensmittelgeschäfte
12 Kohlenhandlungen
9 Getreidehandlungen und Mühlen
39 Bäckereien und Konditoreien
15 Schlachtereien
11 Maschinen- und technische Fabriken, Reparaturwerkstätten
36 Schuhmachereien
29 Schneidereien
30 Tischlereien
20 Klempnereien, Schlossereien und Schmieden
20 Uhrmacher- und Goldschmiedebetriebe
41 Friseurgeschäfte
65 Hotels, Pensionen und Gaststätten
2 Lichtspieltheater
2 Apotheken
12 Drogerien
25 Arztpraxen

Zeitgenössische Übersicht über die Zerstörungen

Bo

Die Stadt während und nach den Zerstörungen

Teil 2

Postgebäude am Rosengarten *Lin*

Ausgebranntes Steintor *Hei*

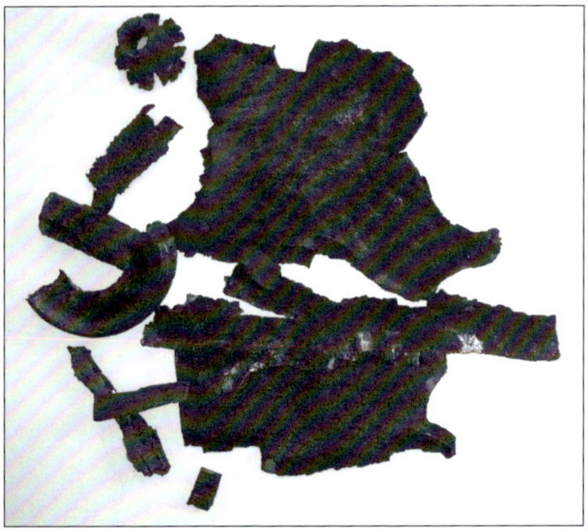

Anne-Lotte Brandt fand diese Bombensplitter als 12jähriges Mädchen im Jung-Jochen-Weg am Wohnhaus ihrer Eltern in Reutershagen.

Bombentrichter hinter den Häusern der Haedgestraße Hei

Östlicher Abschnitt der Fischbank, links der ausgebrannte Turm von St. Petri Hei

Nordseite des Blücherplatzes mit ausgebranntem Jakobiturm im Hintergrund

Hei

Die in der dritten Nacht ausgebrannte Jakobikirche

Hei

Das ausgebrannte Kaufhaus Zeeck, Kröpeliner Straße/Ecke Kuhstraße

Mik

Schnickmannstraße 75 Hei

Turmhelmlose ausgebrannte Kirche St. Petri Hei

Auswirkungen eines Sprengbombentreffers, Bei den Polizeigärten 9-11 Hei

Neuer Markt, Nordostecke Hei

Zerstörtes Haus im Borenweg He

Blick aus einem Fenster des Hauses Neuer Markt 34 Sad

Johannisstraße mit ausgebranntem Polizeigefängnis Sad

Die in der zweiten Bombenacht ausgebrannte Nikolaikirche von Westen gesehen Hei

Inneres eines zerstörten Hauses am Neuen Markt Sad

Nordseite des Neuen Marktes mit St. Marien Sad

Nikolaikirche, vom Mühlendamm aus gesehen

Sad

Pferdestraße/ Ecke Hartestraße

Sad

Ostseite der Breiten Straße

Mik

Schnickmannstraße Richtung Süden Mik

Areal Steinstraße/Ecke Große Wasserstraße Mik

Grubenstraße, von Süd nach Nord

Mik

Steintor und Stadttheater

Mik

Südwestecke des Neuen Marktes

Mik

Lange Straße Mik

Große Wasserstraße, Blickrichtung Osten Lin

Kreuzung Lange, Breite und Schnickmannstraße. Im Hintergrund führt die fast völlig zerstörte Breite Straße zum Blücherplatz [heute Universitätsplatz] Mik

Baustraße vom Kröpeliner Tor aus in Richtung Norden gesehen Mik

Kasernenstraße 62-63 Lan

Kasernenstraße 24-27 Lan

Kasernenstraße 61-62 Lan

Ausgebranntes Realgymnasium in der Lindenstraße Neh

Krämerstraße mit St. Marien

Neh

Bergungsgut im Straßenzug Hinter dem Rathaus am 26. April

AHR/HB

Brennende Häuser in der Badstüberstraße

AHR/HB

Bauten in der Strandstraße, rechts unten Einmündung Schnickmannstr.

AHR/HB

Grubenstraße an der Einmündung in die Straße Am Strande

AHR/HB

Strandstraße 63-65

AHR/HB

AWAG-Kaufhaus (zuvor Wertheim) von St. Jakobi gesehen
AHR/HB

Beginenberg, Südseite
Lin

Alter Markt, Nordwestecke, im Vordergrund Trümmer des Petriturms
Lin

Johannisstraße Lin

Baustraße von Nord nach Süd. Im Hintergrund das Kröpeliner Tor. Jäger

Beim Kuhtor

Lin

Wehrmachtssoldaten transportieren Tote in den Wallanlagen ab

Web

Blick von Am Schilde zum Rathaus

Web

Johannisstraße, Nordseite Lin

Blücherplatz/Ecke Breite Straße Lin

Steinstraße, Ostseite Lin

Plakate zum Ausnahmezustand Lin

Kasernenstraße [heute Budapester Straße] Web

Kröpeliner Straße/Ecke Baustraße Web

Ruine des in der 2. Bombennacht zerstörten Stadttheaters nach der Teilsprengung (oben und unten)

Web

Lin

Neuer Markt unmittelbar nach einem Angriff im April 1942 AS

Präsentation eines in der Jahnstraße gefundenen Blindgängers Kob

Luftwaffenhelfer in Toitenwinkel beim Stapeln von Munition [Aufnahme vermutlich 1944, hier diente Heinz Bredereke im April 1942] Kob

Nordseite der Fischbank zwischen Gruben- und Wollenweberstraße Pet

Breite Straße, im Hintergrund Barocksaal und Palais Pet

Nach den Aprilangriffen 1942 und den ersten Aufräumungsarbeiten belebt sich der Neue Markt wieder. Schmidt

Neuer Markt. Die Ruinen des Hauses „Sonne“ und angrenzender Gebäude sind

bereits niedergelegt (rechts oben) Sad

Statt eines Schlusswortes

Es war im April

Karl-Friedrich Schippmann (†)

Mein Sohn hütet seit Jahren ein besonderes Büchlein: Ein kleines Buch mit Farbfotos. Frühlingsblumen...

Es war an einem Sonnabend im April 1962. Der sonnabendliche Nachmittag gehörte meinem Sohn. Wir bummelten durch die Rostocker Altstadt und ich erzählte ihm einiges aus der Geschichte. Als wir an der alten Stadtmauer standen, sprach uns plötzlich ein alter Herr an.

„Diese Steine haben so manchen Sturm überstanden“, begann er, „aber die dort einst standen nicht.“ Dabei zeigte er auf den Kinderspielplatz in der Nähe. Ich sah ihn fragend an, der alte Herr reagierte darauf: „Verzeihen Sie! Manchmal habe ich einfach das Bedürfnis, hier an dieser Stelle mit jemandem zu sprechen. Sie müssen verstehen, da wo sich jetzt die Kinder tummeln, stand das Haus, in dem meine Tochter wohnte. Sie hatte auch zwei Jungen, die waren so alt wie Ihrer jetzt, Zwillinge.

Mein Sohn zog an meiner Hand. Er wollte wohl weitergehen. Ich ließ ihn los, aber er blieb bei uns stehen.

„Meine Tochter nahm in den ersten Kriegsmonaten die Luftwarnungen nicht ernst genug. Sie wollte meine Einwendungen nicht hören und lachte mich aus: „Warum soll ich die Kinder jede Nacht aus dem Bett reißen und mit ihnen in den Luftschutzbunker rennen? Es ist doch noch nie etwas passiert! Und die Jungen schlafen so süß“, meinte sie immer.

Er blickte wieder auf den Kinderspielplatz hinüber. Dann fuhr er fort: „Ja, s ü ß. Und - wie soll ich es erklären - mir gefiel dieser Ausdruck in diesem Zusammenhang nicht.“ Er machte eine lange Pause, dann sagte er: „Als der erste schwere Luftangriff im April 1942 über unsere Stadt kam, erhielt das kleine Wohnhaus einen Volltreffer. Das Gebäude war einfach weg, wie vom Erdboden verschwunden. Ich fand nur noch das Hufeisen, das über der Haustür gehangen hatte. Ausgerechnet ein Hufeisen! Und ich höre immer noch: ‚Sie schlafen so süß!‘ Eine sentimentale Geschichte, nicht wahr? Aber sie ist wirklich geschehen.“

Der alte Herr nahm meinen Sohn bei der Hand. Es sah so aus, als wolle er den Jungen auf den Arm nehmen. Doch plötzlich richtete er sich wieder auf, nickte uns noch einmal zu und ging sehr schnell davon.

„Der Mann ist sehr traurig, nicht? Vati?“ „Ja. ich glaube“.
„Bist Du nun auch traurig?“ „Nein, nein, komm wir gehen zur Schaukel dort.“

„Du wolltest mir doch noch die Geschichte von der alten Mauer erzählen."
„Wir gehen lieber zum Spielplatz mit der Schaukel!" „Nein, bitte nicht."
„Warum denn nicht?" Ich erhielt keine Antwort.
„Gut, dann gehen wir zurück in die Stadt und fahren mit der Straßenbahn nach Hause, ja?"

Der Verkehr im Zentrum war zu dieser Zeit besonders dicht. Unwillkürlich fasste ich die Hand des Jungen fester, als wir die Hauptstraße überqueren wollten. Da fühlte ich in seiner kleinen Hand ein Geldstück. Es war ganz warm.

„Woher hast Du das Zweimarkstück?"

„Das hat mir der alte Mann geschenkt." – „Hast Du Dich bedankt?" „Ja. Nein." Wir gingen über den Fahrdamm. „Möchtest Du ein Eis oder Bonbons?" „Nein. Ich möchte ihm ein Buch dafür kaufen. –

„Ein Buch? Dem alten Herren? Was für ein Buch?" „So eins mit Blumen. Dann freut er sich bestimmt." „Ja, bestimmt. Dazu wird er sich freuen."
„Ob wir den Mann mal wieder treffen?" „Doch. Sicherlich. Vielleicht..."

Bei meinem Sohn zu Hause steht ein Büchlein im Regal: Ein kleines Buch mit Farbfotos. Frühlingsblumen.

Anhang

Abkürzungen der Bildquellen:

AHR	= Archiv der Hansestadt Rostock
AHR/HB	= Archiv der Hansestadt Rostock/ Brunswig
AS	= Sammlung Schade
Boh	= Bohl
Bre	= Bredereke/Redieck & Schade
Hag	= Hagemann
Hei	= Heine
Hoff	= Sammlung Hoffgaard
Kas	= Sammlung Kasanowski
KHM	= Kulturhistorisches Museum Rostock
Kleg	= Kleger
Klono	= Klonowski
Kob	= Kobow
Lan	= Lange
Lin	= Linnert
Mik	= Mikulla
Neh	= Prof. Dr. Nehring
Pet	= Walter Peters
Sad	= Dr. Sadenwasser
Utp	= Sammlung Utpatel
Web	= Archiv Weber

Danksagung

Wir bedanken uns bei vielen Menschen, die uns Erinnerungen, Sammlungen und einzelne Fotos zugänglich gemacht haben und sich ggf. bereit erklärten, mit den Herausgebern oder mit Schülern des Innerstädtischen Gymnasiums Gespräche zu führen.
Dieses Buch ist eine Gemeinschaftsarbeit. Ohne die Quellen und Berichte hätte es nicht entstehen können! Die Namen sind nach der Dokumentenablage geordnet, die Reihenfolge stellt also keine Wertung dar. Wo bekannt, sind Titel angegeben, die Schreibweise entspricht der Abnahme von z.T. handschriftlichen Dokumenten.
Mit einigen aufgeführten Personen konnten keine persönlichen Kontakte hergestellt werden bzw. wurden von ihnen keine Bilder oder Texte übernommen. Dies hatte ausschließlich organisatorisch-technische, terminliche oder Dopplungsgründe.

Genannt sind auch SchülerInnen und LehrerInnen des Innerstädtischen Gymnasiums, die das Thema in Interviews für die OZ mit Betroffenen analysierten.

Der Dank gilt:

Herbert Nolte
Dieter Heiden
Karl Janicke
Erhard Ladwig
Dr. Ute Brunner
Joachim Mikulle
Jörg Utpatel
Walter Heine
I. Luckstein
Prof. Dr. Dietwart Nehring
Udo Klaczak
Karl-Heinz Schulz
Peter Falken
Heinz Lange
Nils Ibendorf
Dr. Andreas Schubert
Wolf-Werner Nahde
Anne-Lotte Brandt
Bernd Heimann
Reinold Heimann
Walter Jürß
Lore Seemann
Marlies Lange
Ursel Vogt-Wolter
Charlotte Schmidt
Irma Kobow
Herrn Brose
Edith Prohn
Gertrud Jäger
Tomma Schmitz
Antonia Martens
Johanna Fischer
Benny Jürgens
Inge Vick
Marion Schuricht
Kurt Tews
A. Schumacher
Karl-Friedrich Schippmann
G. u. N. Hoffgaard
Peter Demmin
Hans-Joachim Wellert
Jürgen Bützow
Gerhard Lau
Ursula Schelensky
Eberhard Weber
Hans-Werner Bohl
Barbara Linnert
Klaus Pfafferott
Günther Roggentin
Alfred Kasanowski
H.-Peter Weißflog
Beate Büßer
Sabine Gössel
Daniel Beumer
Peter Riebe
Renate und Peter Falken
Alois Bönsch
Günther Hagemann
Dr. Walter Sadenwasser
Lilly Lüthke
Ulrich Prehn
Gerhard Weber
Silvia Haida
Tusnelda Thom
Ursula Klüsener
Walter Peters
Gerhard Liebau
Clara Maria Schulze

Ein besonderer Dank gilt fleißigen KollegInnen der OSTSEE-ZEITUNG, die dafür gesorgt haben, dass dieses Buch entstehen konnte bzw. effektiv beworben und professionell präsentiert wurde. Beispielhaft seien folgende Mitstreiter genannt:

Dr. Thomas Sternberg
Anne Kobarg
Hartmut Klonowski
Jens-Uwe Berndt
Steffen Eggebrecht
Carina Landmann
Katja Griebenow
Olaf Bourvé
Torsten Czarkowski

Impressum

Bilbliografische Information der Deutschen Bibliothek

Die Deutsche Bibliothek verzeichnet diese Publikation in der Deutschen Nationalbibliografie; detaillierte bibliografische Daten sind im Internet über http://dnb.ddb.de abrufbar.

Herausgeber: Achim Schade & Dr. Matthias Redieck

Mitherausgeber: OSTSEE-ZEITUNG, Andreas Ebel

Verlag Redieck & Schade GmbH Rostock
Friedhofsweg 44a
18057 Rostock
Tel./Fax 0381 27862
info@redieck-schade.de
www.redieck-schade.de

Idee und Gesamtredaktion:
Achim Schade & Dr. Matthias Redieck

Einführung: Dr. Karsten Schröder

Unterstützende Bildredaktion: Hans-Werner Bohl

Lektorat & Korrekturen: Redieck & Schade
Mitarbeit: Karolin Müller, Tino Schürer

Layout: Grafikdesign Schwarz, Thiessow

Abb. Kürzel der Quelle am Bild,
siehe Abkürzungsverzeichnis
Titelabbildung vorne: B. Linnert
Abbildung Rücktitel: KHM
Vor-/Nachsatz: Sammlung Peter Demmin

Verlag Redieck & Schade GmbH

OSTSEE ZEITUNG

ISBN 978-3-942673-13-6